Colección
EMPRENDIMIENTO
Y CRECIMIENTO PERSONAL

Pan House
Casa Editorial

Editorial PanHouse®
www.editorialpanhouse.com

Edición general:
Jonathan Somoza
Jefatura editorial:
Mariángely Romero | Manuela Traettino
Coordinación editorial:
Andreína Rodríguez
Edición de contenido:
Yhonais Lemus
Corrección ortotipográfica:
Camila Caligiuri
Diseño, cubierta y diagramación:
Audra Ramones

ISBN: 978-980-437-616-0
Depósito legal: DC2025001740

MARIO OTERO

DOMINA airbnb DESDE CERO

La guía definitiva para triunfar en las rentas a corto plazo

PanHouse

OTERO ACADEMY

ÍNDICE

A mi madre Isabel,
cuya luz y ejemplo
me guían desde el cielo.
Te llevo en cada paso
de mi camino
y estoy seguro de que
sonríes orgullosa
por mis logros.

AGRADECIMIENTOS

A mi esposa Yoly, por ser mi musa y mi compañera de vida, por sostenerme en cada caída y celebrar conmigo cada victoria. Gracias por llenar mis días de color, amor y esperanza.

A mis hijos Isa y Mayito, porque en sus sonrisas encuentro la fuerza para jamás rendirme. Ustedes son mi motor, mi inspiración y la razón por la que lucho cada día por un futuro mejor.

A mi tío Héctor, por ser mi mentor y mi roca en los momentos más difíciles. Gracias por guiarme con sabiduría, por darme confianza cuando más lo necesitaba y por celebrar mis triunfos como si fueran tuyos.

A mi hermano de vida Jenry, gracias por ayudarme a llegar al país de la libertad y las oportunidades.

PRÓLOGO

Conozco a Mario Otero desde que llegó a Estados Unidos, e incluso era evidente que poseía la inusual combinación de determinación, autenticidad y visión que lo llevaría a un éxito rotundo. Con el tiempo, lo he visto convertir esas cualidades en algo extraordinario: no solo construir un negocio exitoso, sino vivir una vida marcada por la familia y la gratitud.

Como hijo de exiliados cubanos, siempre me han atraído las historias de quienes llegan a Estados Unidos con poco más que esperanza. Crecí escuchando a mis abuelos hablar de dejarlo todo atrás y empezar de cero, para construir sus vidas paso a paso con determinación. Cuando supe de la trayectoria de Mario, me conmovió profundamente.

Mario creció en La Habana, en una casa tan deteriorada que la lluvia a menudo entraba por el techo. Perdió a su madre a los dieciséis años, un acontecimiento que podría haberlo destrozado por completo. En cambio, con la guía de su tío —un hombre que enfrentó sus propios desafíos profundos—, Mario aceptó la lección de que la vida ofrece una opción: seguir siendo víctima de las circunstancias o luchar como arquitecto de su propio destino. Decidió luchar.

Esa decisión lo impulsó a seguir adelante. Consiguió una codiciada plaza en la Universidad de La Habana, trabajó por las noches en restaurantes para mantenerse y más tarde descubrió el modelo de alquileres a corto plazo que cambiaría su vida. Mucho antes de que Airbnb se popularizara en el mundo hispanohablante, Mario lo dominaba en Cuba, transformando espacios modestos o abandonados en alojamientos rentables.

Cuando nacieron sus hijos, supo que quería que crecieran en un entorno de libertad y oportunidades. Con una valentía extraordinaria, él y su esposa lo vendieron todo, dejaron la vida que habían construido y empezaron de cero en Estados Unidos, en medio de una pandemia mundial, sin contactos, con dos hijos pequeños y dos maletas llenas de sueños.

A partir de esos humildes comienzos, Mario reconstruyó su vida. Fundó Otero Management Group, una empresa *boutique* de administración de propiedades especializada en alquileres de lujo, y creó su propia Academia de Airbnb, un programa que ha ayudado a cientos de personas, desde madres solteras hasta inversores experimentados, a crear prósperos negocios de alquileres a corto plazo. Sus protocolos y sistemas se han convertido en un modelo de referencia para quienes buscan el éxito en este campo.

Pero la historia de Mario va mucho más allá del éxito empresarial. Se trata del amor a la familia y al país. Es un padre dedicado que se fortalece con la responsabilidad de ser un ejemplo para sus hijos. Es un patriota profundamente agradecido por las oportunidades que Estados Unidos le ha brindado. Y, a pesar de todo, se ha mantenido humilde y amable, utilizando su experiencia para ayudar a otros a alcanzar el éxito.

Esa generosidad de espíritu es, quizás, lo que más me impresiona. La mentoría de Mario no es una estrategia de *marketing*: es la esencia de él. Cuando enseña a alguien a triunfar en el negocio del alquiler a corto plazo, no solo ofrece una estrategia, le ofrece la misma oportunidad que una vez lo salvó.

Al leer este libro, aprenderás los pasos prácticos para triunfar en el mercado de las rentas a corto plazo. Pero, lo que es más importante, descubrirás la mentalidad y el carácter que hacen posible ese éxito.

La trayectoria de Mario es un testimonio del poder perdurable del sueño americano: prueba de que, con trabajo duro, perseverancia e integridad, sigue estando al alcance de quienes estén dispuestos a luchar por él.

Es un honor para mí escribir este prólogo, no solo como alguien que conoce a Mario desde su llegada, sino como alguien inspirado por su ejemplo. Su historia de resiliencia, visión y generosidad, sin duda te motivará a escribir la tuya.

José Félix Díaz
Exmiembro de la Cámara
de Representantes de Florida

INTRODUCCIÓN

Llega un momento en la vida en que tienes que decidir: ¿te quedas en la queja, repitiendo la misma historia de dolor, o te sacudes el polvo, aprietas los dientes y construyes algo distinto? O te hundes como víctima... o te conviertes en el héroe de la historia y el arquitecto de tu propio destino.

Este libro nace de mi historia, de mi dolor, de mis fracasos, pero también de las decisiones que me han traído hasta aquí. Crecí en La Habana, en una casa donde llovía más adentro que afuera, pasé hambre, tuve un padre alcohólico y sin ninguna garantía de que la vida me diera una segunda oportunidad. Perdí a mi madre a los dieciséis, trabajé desde mi adolescencia, y encontré en el orden, en la excelencia y en la resiliencia una forma de renacer.

Hoy gestiono más de veinte propiedades de lujo en Miami, y he ayudado a cientos de inversionistas a comenzar y multiplicar sus ingresos a gran escala a través del negocio de las; rentas a corto plazo o Airbnb. ¿Y sabes qué es lo mejor? Que todo esto empezó desde cero: sin capital, sin contactos, sin privilegios.

Esa es la motivación detrás de este libro: mostrarte que sí se puede, que cualquier persona —sin importar su país, profesión o situación económica— puede empezar en este negocio y construir algo sólido. Muchas personas tienen una propiedad y no se atreven a comprar otra por miedo a no poder pagarla. Otras no saben cómo empezar ni tienen a alguien que les guíe con claridad, experiencia y resultados. Este libro tiene la meta de convertirse en la guía práctica definitiva para emprender en el negocio de Airbnb.

El mercado inmobiliario global vive un momento de transformación. Comprar una vivienda es cada vez más costoso, los intereses siguen subiendo y las rentas tradicionales ya no son una opción rentable. Y, sin embargo, la demanda de espacios flexibles, cuidados y bien ubicados crece cada día. En medio de ese contexto, Airbnb no solo cambió el modelo de alquiler, también democratizó el acceso al negocio de la hospitalidad. Con una buena estrategia, una propiedad modesta puede convertirse en una fuente de ingresos constante. La clave está en saber cómo hacerlo bien.

Este libro nace con un propósito claro: compartir conocimiento práctico sobre el negocio de Airbnb en español. A lo largo de estas páginas te brindaré una ruta clara para comenzar desde cero, incluso si no tienes propiedades, y te enseñaré los distintos modelos de negocio que puedes aplicar —desde la inversión directa, hasta la gestión o el subarrendamiento—. También encontrarás claves efectivas de diseño, *marketing*, fotografía y hospitalidad para transformar una propiedad común en una favorita de los huéspedes. Aprenderás cómo automatizar tu operación, gestionar precios, mensajes y métricas sin volverte loco, además de recibir consejos concretos para resolver conflictos, mejorar tu reputación y escalar tu negocio de forma sostenible. Todo esto acompañado de casos de éxito de personas reales que empezaron como tú y hoy viven gracias a este modelo.

No escribí este libro para motivarte con frases hechas. Lo escribí porque sé lo que significa empezar con las manos vacías y la cabeza llena de ideas. Porque conozco de cerca el miedo a la pobreza, la incertidumbre, la frustración de no saber por dónde comenzar. Pero también conozco el valor de tener un plan, de contar con información precisa y de tomar decisiones con estrategia.

Airbnb no es una solución mágica para hacerse millonario de la noche a la mañana, pero es una puerta concreta hacia un modelo de negocio que ha demostrado funcionar. Aquí comparto lo que me sirvió a mí, lo que les ha servido a mis estudiantes y lo que puede ayudarte a tomar decisiones más inteligentes, más informadas y más rentables.

Así que abróchate el cinturón, que empezamos...

Mario Otero

CAPÍTULO I

De Centro Habana a Coral Gables

Nunca te olvides de dónde vienes.
Es el mejor lugar para recordar por qué empezaste.
Howard Schultz

Si alguien me hubiera dicho, cuando sacaba agua del piso con un haragán en una casa que se caía a pedazos en el centro de La Habana, que algún día iba a vivir en Coral Gables, Miami, gestionando propiedades de lujo, me habría reído o llorado. Porque lo mío nunca fue un camino fácil, fue un camino hecho a pulso, entre pérdidas dolorosas, techos que goteaban, trabajos sin descanso y decisiones al límite. Pero también fue un camino lleno de fe, de pequeños milagros y, sobre todo, de transformación. Este capítulo no es solo el relato de cómo salí de la pobreza en Cuba para fundar mis empresas de gestión y consultoría de Airbnb que hoy generan 6 cifras al año, es la historia de cómo aprendí que incluso el trauma más profundo puede convertirse en motor de cambio. Este es el principio de todo...

El origen de mi impulso: mi infancia y juventud en clave de esfuerzo

Mi historia no trata solo de pobreza o carencias materiales; trata de una niñez moldeada entre escombros, amor y carácter. Nací en un barrio humilde de La Habana llamado Centro Habana. Es un barrio con historia, lleno de casas coloniales, pero en total decadencia. Muchas de esas construcciones están casi derrumbadas, rodeadas de basura en las esquinas, negocios informales y un ambiente donde la pobreza no da tregua. Aun así, en medio de ese caos, escasez y decadencia, mi madre logró construir en mi infancia una burbuja de amor y felicidad para mí.

Ella trabajaba en el Hospital Calixto García, uno de los más conocidos de La Habana. Gracias a los regalos de pacientes y las relaciones que cultivaba, lograba siempre traer comida a nuestra casa. No tuvimos lujos, pero lo esencial nunca faltó. Recuerdo que mi papá trabajaba en una tienda del gobierno. En ese entonces, en Cuba no se permitía tener negocios privados, así que todo era controlado por el Estado. Los sueldos eran simbólicos, insuficientes para cubrir las necesidades de una familia. Por eso, como muchos, mi padre vivía «resolviendo», haciendo pequeños rebusques para poder ganar dinero y darnos una vida decente.

Mi mamá era el centro de mi vida, mi todo. Yo era su «Mayito», como me llamaba con ternura. Ella me repetía siempre: «Tú no tienes que trabajar, tú solo enfócate en estudiar, en sacar buenas notas». Desde muy pequeño, sembró en mí una mentalidad de excelencia, de disciplina, de no conformarme con lo mínimo. Me enseñó a ser competitivo, a dar lo mejor de mí en todo lo que hiciera.

Jugaba a la pelota, al fútbol, corría descalzo con mis amigos Cuco, Miguel y Arielito por las calles de Centro Habana.

Uno de nuestros inventos favoritos era la «chivichana», una rudimentaria patineta de madera en la que nos lanzábamos por las cuestas de la calle Belascoaín. Era una vida sencilla, pero feliz.

La casa donde nací en La Habana.

Como todo en Cuba, esa felicidad infantil convive con una tensión constante: la pobreza estructural de una sociedad desesperanzada en un gobierno fallido. Vivíamos en la casa de mi abuelita Herminia, una española que emigró a Cuba huyendo del franquismo en los años 40. La casa, construida en 1930, era hermosa, tenía techos de 7 metros de altura y pisos de mosaicos artesanales, pero su deterioro era tan real que se caía a pedazos ante nuestros ojos. El techo se debilitaba cada vez que llovía. Y llovía bastante. Tanto, que hasta el día de hoy siento un cambio de humor cuando empieza a llover. Es un trauma que arrastro. Cada tormenta me devuelve a esos momentos de infancia, cuando el agua se colaba por todas partes y mi mamá y yo sacábamos el agua desesperadamente por los balcones al igual que marineros sacando agua de un barco que se hunde.

Esa constante fragilidad del entorno, ese miedo de que todo colapsara en cualquier momento, me marcó para siempre. Fue como vivir en un campo minado emocional. Aun así, mi mamá se aferraba al orden, se desvivía por limpiar, por mantener la casa digna. Yo la imitaba. Es posible que, desde entonces, haya nacido mi obsesión por la limpieza, la estructura y los detalles.

Cuando mi mundo se rompió

Hay momentos que no anuncian su llegada, pero que lo cambian todo. Momentos que no se olvidan porque marcan un antes y un después, incluso en el cuerpo. A mí me tocó atravesar uno de esos. Fue mi descenso a lo más oscuro y, sin saberlo, el inicio de mi reconstrucción.

Tenía dieciséis años cuando mi mamá enfermó. Le diagnosticaron dengue hemorrágico, una enfermedad transmitida por un mosquito. Aunque trabajaba en el mismo hospital donde la ingresaron —el Calixto García— y era jefa de atención a la población, fue víctima de negligencia médica. Eso lo supe más tarde. En ese momento, era muy joven para comprender todo, pero lo viví con cada fibra de mi cuerpo.

Además del dengue, tenía un problema en la vesícula que exigía una operación urgente. Su cuerpo no resistió. Cayó en coma. Durante varias semanas me mantuve firme, casi sin comer ni dormir, frente a la sala de terapia intensiva. Cada parte médico era una montaña rusa: «mejoró un poco», «le subieron las plaquetas», «está estable», pero nunca salía del estado crítico.

Hasta un día en que mi cuerpo no aguantó más y el agotamiento me venció. Esa noche decidí volver a casa a descansar. A las tres de la madrugada sonó el teléfono: «Ven rápido, que tu mamá se puso muy malita». Corrí al hospital, pero ya era tarde. Mi mamá había muerto.

Aquel momento me quebró. Con apenas dieciséis años, me quedé sin mi madre, la persona más importante de mi vida. Entré en una tristeza profunda. Lloraba todos los días, apenas comía, me volví invisible. Me iba apagando. Mi padre, incapaz de sostener su dolor o el mío, se hundió aún más en el alcohol. Nunca supo qué hacer. No sabía ni preparar un huevo frito. De pronto, éramos él y yo, solos en una casa rota, sin rumbo, sin consuelo.

Recuerdo escenas que todavía duelen: regresar a la casa y encontrarlo tirado en la cama, a veces orinado; la perra suelta por toda la casa; el piso sucio, lleno de excremento. En el refrigerador, apenas tres huevos viejos y un paquete de salchichas congeladas. Nada más. No había comida ni orden ni esperanza. La vida se convirtió en un hueco oscuro. Comencé a beber. No por gusto, sino por necesidad de escapar de la agonía que sentía.

Lo más difícil fue la soledad. Mi madre era una mujer valiente, querida y respetada. Defendía a los pacientes con una pasión que impresionaba. Se enfrentaba a médicos, enfermeras, a quien hiciera falta. El día de su velorio, la funeraria estaba repleta. No cabía un alma más.

Y, sin embargo, yo me sentía solo, abandonado. La compasión de los demás me dolía. No quería lástima. Me volví seco, arisco. Alejaba a quienes venían a verme. Algunos dejaron de insistir. Me veían como un caso perdido. Como ese «pobrecito» o infeliz al que nadie espera ver levantarse.

Y, aun así, no me rendí.

Pude haberme quedado en ese hueco. Pude haberme dejado tragar por la tristeza, pero elegí resistir. Sabía que, si quería vivir algo distinto, tenía que levantarme. No dejar que el dolor dictara mi historia.

Fue entonces, cuando tocaba fondo, que apareció un ángel en mi camino y una figura paternal alternativa que cambió todo: mi tío Héctor.

Mi primer mentor

En medio del caos emocional y económico que siguió a la muerte de mi madre, apareció una figura que marcaría un antes y un después en mi vida: mi tío Héctor. Hermano de mi mamá, fue como un salvavidas en medio del naufragio. Un hombre admirable.

A los veintiocho años quedó inválido tras una operación en la columna vertebral que lo dejó en una silla de ruedas para siempre. Pero nunca permitió que eso lo definiera. Se casó, crió una familia, trabajó y emprendió. Se levantaba todos los días con dignidad y carácter. No tenía tiempo para excusas, y tampoco me permitió a mí tenerlas.

Un día, viéndome sumido en las excusas, me habló con firmeza:

—Mayito, cuando yo me quedé inválido, el psicólogo me dijo algo que nunca olvidé. «Tu situación ya no se puede cambiar. Pero sí puedes elegir con qué actitud vivirás el resto de tu vida: como víctima o como guerrero». Y ahora te lo digo a ti.

Y luego fue directo al corazón:

—¿Tú crees que si tu mamá te estuviera mirando desde el cielo estaría orgullosa de verte perdido, sin rumbo? ¿O preferiría verte luchando, estudiando, construyendo un futuro digno?

Estas palabras cambiaron mi vida. Fue mi verdadero momento de inflexión. Decidí usar la memoria de mi madre como gasolina. Su recuerdo dejó de ser una carga y se convirtió en mi impulso. No puedo evitar conmoverme y se me llenan los ojos de lágrimas al escribir estas líneas.

Mi tío no solo me habló: actuó. Me eliminó todas las excusas.

—¿No tienes comida? Ven a mi casa. ¿No tienes dinero? Trabaja conmigo.

Mi tío tenía una pequeña joyería en el centro histórico de La Habana. Me pagaba cinco dólares por cada tarde que lo ayudaba a pulir prendas de oro. El trabajo era duro, en un cuartito sin ventilación, usando una piedra verde que manchaba las manos y soltaba un polvo por la fricción del pulido. Pero lo hacía con esmero, y recuperé mi dignidad. En un país donde el salario promedio de un doctor era de 30 a 50 dólares al mes, yo, siendo un adolescente, ganaba suficiente para mantenerme.

Mi primer mentor. Mi tío Héctor.

Con ese ingreso podía comer, vestirme y, sobre todo, comenzar a pensar en un futuro. Y con ese nuevo sostén emocional y económico, me aferré a un propósito claro: ingresar a la universidad.

La carrera que quería —Turismo y Hospitalidad— era una de las más competitivas del país. Solo se abrían dos plazas en mi ciudad. Pero ahora tenía algo más fuerte que la desesperanza: motivación, enfoque, y un mentor que creyó en mí cuando ya había dejado de creer en mí mismo.

Y si tú, que estás leyendo esto, estás atravesando un momento difícil, quiero decirte algo desde lo vivido: no hay cambio sin cuidado. Sé lo que es levantarse con la cabeza nublada, buscando evadir el dolor con lo que sea que lo adormezca. Pero también sé que el cuerpo y la mente se vuelven aliados cuando les das estructura, disciplina y propósito.

Lo primero es básico, pero poderoso: come bien, duerme tus horas, muévete, aunque no tengas ganas. No hace falta ir a un gimnasio. A mí me bastaba con caminar varias cuadras para aclararme. Esa pequeña disciplina diaria fue mi primer paso para reconstruirme.

Lo segundo es evitar lo que te hunde. En mi caso la tristeza me llevó a la bebida y las fiestas vacías: bebía para desconectarme, hasta que entendí que eso no me ayudaba a sanar, solo a esconderme. Tu dolor merece ser mirado de frente, no tapado con humo o botellas.

Lo tercero es reconectar contigo. ¿Qué te gusta? ¿Qué te hace sentir útil, vivo? Yo encontré un propósito pasando tiempo con mi tío y, posteriormente, al preparar mi ingreso a la universidad. Aunque al principio lo hice por necesidad, con el tiempo entendí que, cuando te enfocas en crecer, algo dentro de ti se despierta.

Y lo último, pero no menos importante: rodéate de personas que te eleven. En mi peor momento apareció mi tío con palabras repletas de verdad y acción. Quizás también tengas a alguien así cerca, y si no lo tienes, conviértete tú en esa figura para otra persona. Porque cuando ayudas, también sanas.

Todo empieza con un paso. Pequeño, tal vez torpe, pero propio. Y desde ahí, lo demás va tomando forma.

Universidad y mis primeros trabajos

Como te comentaba, elegí una de las carreras más codiciadas de Cuba: Licenciatura en Turismo y Hospitalidad. Era el camino más directo para mejorar mi economía, porque permitía trabajar con extranjeros, recibir propinas en dólares y escapar del peso cubano, que no valía nada. Pero entrar no era fácil. Ese año solo se abrieron dos plazas en toda mi ciudad. La competencia era feroz.

Las pruebas de ingreso incluían Español, Historia de Cuba y Matemáticas. Siempre fui excelente en las dos primeras —saqué 96 en Español y 98 en Historia—, pero las matemáticas eran mi punto débil. Y fue allí donde despertó una faceta de mí que marcaría mi camino como emprendedor: la de solucionador creativo de problemas.

Busqué en la guía telefónica al profesor más famoso de matemáticas del país: Joaquín Pérez Arévalo. Me atreví a llamarlo, aunque no lo conocía. Le conté mi historia y le supliqué una oportunidad. Me dijo que sus clases privadas costaban cinco dólares la hora, dos veces por semana. Gracias al dinero que ganaba con mi tío, pude pagarlas. Estudié durante tres meses, ajustado en todo, sobreviviendo con lo mínimo, pero lo logré.

Una de las preguntas del examen era casi idéntica a una que habíamos practicado el día anterior. Saqué 80 puntos en Matemáticas. En otro año, eso habría sido insuficiente. Pero esa vez, la prueba fue tan compleja que el 60 % de los aspirantes suspendió. Hubo protestas de padres frente al Ministerio de Educación. En ese contexto, mis 80 puntos valieron oro. Entré como primer escalafón a la Universidad de La Habana. Lo había conseguido, pero entrar no era el final. Era solo el inicio.

El trabajo con mi tío ya no era viable y necesitaba ingresos. Empecé a buscar otras opciones. Fue entonces cuando vi que estaban abriendo un restaurante privado a dos cuadras de mi casa. Un lugar que, con el tiempo, sería famoso, recibía visitas de grandes personalidades como: Barack Obama, Beyoncé, Mick Jagger y otros personajes internacionales.

Pasé días observando desde la acera hasta que un día reuní el valor. Me acerqué al dueño —un hombre imponente— y le dije:

—Estoy buscando trabajo. Te prometo que no te vas a arrepentir. Él me miró con desconfianza.

—¿Tienes experiencia? —Me preguntó.

—No, pero hablo inglés... y un poco de francés.

Justo entonces, había una mesa de señoras francesas. Me desafió:

—Ve, tómales el pedido a esas señoras.

Yo apenas había tomado dos clases en la Alianza Francesa, pero lancé un «Bonjour, comment ça va?» con la mejor sonrisa que tenía y la mejor actitud. Las señoras se emocionaron y el dueño me contrató.

Trabajé allí cada noche, de 6:00 p.m. a 1:00 a.m. Servía platos, cargaba sillas y secaba copas y cubiertos a mano. No había máquinas. Todo era a pulso. Llegaba a casa agotado, dormía unas pocas horas, y a las 8 ya estaba en clases en la universidad. Bajé de peso, vivía ojeroso, pero estaba determinado.

Ganaba entre 15 y 30 dólares diarios. Con ese dinero logré algo simbólicamente poderoso: reparé el techo de mi casa. El mismo techo que durante años me había llenado de ansiedad cada vez que llovía. Contraté una brigada, colocaron una lona resistente, una pintura impermeabilizante importada y, por primera vez en mucho tiempo, el agua dejó de colarse. Fue un acto de redención; un cierre de ciclo, una victoria íntima.

A lo largo de la carrera hice prácticas en hoteles, agencias de viaje, restaurantes, centros nocturnos. Conocí el turismo desde dentro. Me apasioné con el servicio, la atención, la hospitalidad. Me esforcé al máximo. Terminé como el segundo mejor graduado de mi año, con un promedio de 5,13 (sobre 5). Para mí, no era solo una nota: era mi boleto a un futuro mejor.

Primer emprendimiento: mi Airbnb en Cuba

Con mi título en mano y una mochila llena de experiencia, decidí que no quería seguir siendo parte de un sistema esclavizante. Trabajar en un hotel estatal —donde todo pertenece al gobierno, los salarios son simbólicos y no hay más opción que robar para avanzar— no era para mí. Tampoco quería quedarme como camarero. Así que dejé el restaurante y empecé a aprovechar los contactos que había hecho allí.

Muchos de los clientes eran dueños de agencias de viajes. Comencé a trabajar como guía turístico para grupos de alto nivel adquisitivo, sobre todo durante la apertura de relaciones entre Cuba y EE. UU. en tiempos de Obama. Atendía a viajeros millonarios que querían conocer la «Cuba antes del cambio». Ganaba buen dinero, recorría provincias y conocía personas. Fue en ese nuevo entorno donde descubrí algo que cambiaría mi vida: Airbnb.

En Cuba desde hacía décadas existía el concepto de «casa particular», pero siempre dependía de intermediarios —taxistas, «jineteros», personal del aeropuerto—, una red informal y muchas veces poco confiable. Airbnb eliminaba a todos esos actores. Ahora cualquier persona podría listar su propiedad, recibir reservas, cobrar directamente y pagar apenas un 3 % de comisión. Me pareció revolucionario y liberador.

Mi primer paso fue como gestor de una propiedad que no era mía. Era de una mujer que vivía en Miami y tenía una bella casa vacía en La Habana. Me ofrecí para administrarla. No tenía experiencia, pero sí entusiasmo. Aprendí todo en YouTube: cómo tomar buenas fotos, cómo decorar, cómo escribir una descripción persuasiva. La subí a la plataforma y explotó.

La alquilábamos a 200 dólares la noche. En un país donde un médico gana 30 al mes, eso era una locura. Yo ganaba el 20 %: entre 600 y 750 dólares mensuales. Sin haber puesto un solo centavo. Solo gestionando desde mi teléfono. Esto fue como una epifanía.

Ahí supe que este era mi camino, pero no me quedé ahí. Teníamos un apartamentico en Centro Habana de mi papá que alquilábamos por 100 dólares al mes a clientes de dudosa reputación. No era el público al que yo quería llegar. Le propuse a mi papá transformar el lugar:

—Tú te quedas con tus 100 dólares, pero déjame manejarlo como yo quiera.

Se rio. Me dijo que no servía, que era oscuro, sin balcón ni vista, que no valía la pena. Pero los retos me encienden y me lancé.

Invertí 7000 dólares. Casi todos los ahorros que tenía. Mármol en la cocina, baño nuevo, plomería y electricidad renovadas, una cama *king* inmensa, decoración moderna. Lo dejé espectacular. Mi novia —hoy mi esposa— pensó que estaba loco. Y tenía razón: luego aprendí que era mucho dinero para un apartamento pequeño en Centro Habana. Pero algo en mí sabía que valía la pena. Lo alquilaba entre 50 y 70 dólares la noche. En pocos meses recuperé la inversión. Además, no solo ofrecía alojamiento. También ofrecía desayunos, lavandería, *tours* por la ciudad, reservas en restaurantes.

Cada huésped me generaba ingresos extra. Mi trabajo como guía se volvió mi mejor herramienta, ya que tenía un gran flujo de clientes bajo control.

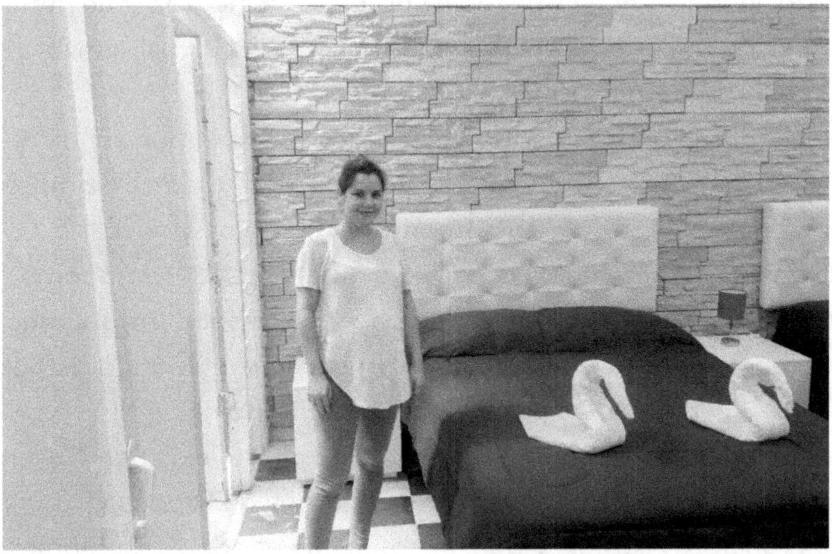

Mi primer Airbnb en Centro Habana.

Con ese impulso, compré la casa de abajo: una propiedad colonial de tres habitaciones. Ya tenía flujo, ya había estructura. Mi esposa trabajaba conmigo. Ella en la agencia de viajes, yo en la operación. Juntos facturábamos entre 5000 y 7000 dólares al mes. En Cuba, eso era ser millonario. Y así nació mi primer Airbnb propio. Más que un negocio, fue el símbolo de mi transformación. El comienzo real de todo lo que vendría.

Tocar el techo y recomenzar

Con los ingresos del Airbnb, dejé de sobrevivir para comenzar a prosperar. La vida me cambió por completo. Tenía propiedades, ingresos en dólares, libertad de movimiento. Pero también sabía que el sistema cubano tiene límites claros: uno puede participar, pero no destacar. Y si lo haces, mejor que no se note, pues te puede traer graves repercusiones.

En cualquier momento el Estado podía intervenir. Vivía con el miedo constante de que el éxito llamara la atención equivocada. Por eso, mi regla sagrada fue mantener un perfil bajo: nada de ostentación, nada que provocara al «chivato» del barrio.

Podía haberme mudado al Vedado o a Miramar, zonas de lujo en La Habana. Pero me quedé en mi cuadra. Compré un Lada soviético negro, cuadrado, con olor a gasolina. Lo transformé por dentro con piezas modernas. Lo llamábamos «el batimóvil»: feo por fuera, espectacular por dentro. Como yo en ese momento: creciendo en silencio, cuidándome del ruido, sin hacer olas para no llamar la atención.

Junto a mi esposa, llegamos al tope del éxito en Cuba: teníamos casa, negocio, carro. Viajamos a Estados Unidos, a Francia, a Alemania, pero siempre con miedo. No sabíamos quién podía denunciarnos. Recuerdo que, con solo pedir una *pizza* a domicilio, ya se armaba todo un espectáculo en mi barrio. El socialismo cubano incita a la envidia y ser exitoso es casi considerado un delito, una sociedad destrozada por años de miseria y desesperanza.

Pero todo cambió con el nacimiento de mis hijos. Primero llegó Isabel y luego Mario junior. Tenerlos en brazos me enfrentó a una pregunta brutal: «¿Quiero que mis hijos crezcan aquí, en este entorno hostil, donde prosperar es pecado y la mediocridad es ley?». La respuesta se hizo clara el día que, desde el balcón, vi a dos mujeres pelearse en plena calle. Una de ellas empujó a la otra con tanta fuerza que su hija pequeña salió volando y casi la atropella un carro. Fue grotesco, surreal, miré a mi esposa y solo le dije: «Pon todo en venta. Nos vamos de este país».

Recordar la leyenda de la vaquita también me motivó a migrar. Aquí te la resumo: Un maestro y su discípulo visitan a una familia muy pobre que sobrevive gracias a una única vaquita que les da leche. Esa noche, sin explicación, el maestro empuja a la vaquita por un precipicio. El joven discípulo queda en *shock*, sintiéndose culpable. Años después, al regresar, descubre que esa misma familia ha prosperado. Sin su única fuente de sustento, se vieron forzados a descubrir talentos, tomar riesgos y reinventarse. Perder lo poco los llevó a ganar mucho más.

Esa historia me golpeó fuerte, porque mi vaquita era continuar limitado y atemorizado en mi falsa comodidad en Cuba. Este lugar donde viví por casi 30 años, aunque representó mi capacidad de transformar lo imposible, ya me quedaba pequeño y me sentía estancado. Sentía gran necesidad de soltarlo todo para dar el salto definitivo. Y así lo hicimos. Vendimos nuestro Lada y todos los muebles de la casa. No dejamos rastro ni plan de retorno. Quemamos los barcos, como hizo Hernán Cortés cuando llegó a América. O conquistábamos, o fracasábamos en el intento.

Pero no fue fácil, estábamos en plena pandemia y no había vuelos regulares. Las autoridades no permitían salir del país, salvo turistas varados. Tuvimos que sobornar a una funcionaria del aeropuerto: mil dólares por cabeza más el precio del boleto. Cuatro mil dólares en total para que nos dejaran subir a un avión rumbo a Tampa.

Viajamos con lo puesto: dos niños pequeños, dos maletas de mano y un corazón lleno de incertidumbre. Cuando aterrizamos, el oficial de inmigración me interrogó durante veinte minutos. Yo respondí con firmeza, como era guía turístico, ya para ese entonces dominaba el inglés y estaba listo para convencer a quien hiciera falta, y lo logré. Nos dejaron entrar. Y así fue como, después de mucho pensarlo, decidí dejar Cuba. Quemé mis barcos, solté lo seguro y aposté por algo mayor.

Lo que vendría después sería el capítulo más desafiante, y a la vez el más liberador.

Primer año en EE. UU. y nacimiento de Otero Management Group

Llegamos a Estados Unidos con dos niños pequeños, dos maletas de mano y una decisión firme: empezar una nueva vida. Aunque ya había venido muchas veces antes —a comprar sábanas, electrodomésticos o artículos para los Airbnb—, esta vez era distinto. Esta vez veníamos a construir, a empezar una vida desde cero.

Pero llegamos en medio de la pandemia. Y en ese contexto, una familia sin papeles, sin ingreso demostrable ni historial crediticio era un riesgo para cualquier arrendador. Nadie quería alquilarnos.

Tuvimos la suerte de contar con Jenry, primo de mi esposa, que nos alquiló un apartamento en Coral Gables, el barrio más exclusivo de Miami. Mientras muchos inmigrantes cubanos comenzaban en Hialeah, nosotros aterrizamos en un entorno que inspiraba: calles limpias, árboles frondosos, silencio, seguridad. El ambiente correcto transforma tu mentalidad. Empezamos al revés, sí, pero esa diferencia nos marcó desde el principio.

El 1 de mayo llegamos y el 3 ya estaba trabajando. Nos consiguieron un trabajito en una clínica de cirugía estética a mi esposa y a mí. Ella se encargaba de las redes sociales de la clínica; yo, del almacén. Ganábamos 12 dólares la hora cada uno. Me trasladaba en un *scooter* eléctrico. Sin papeles, sin licencia, sin permiso de trabajo por las calles de Miami.

Al poco tiempo me ofrecieron más horas como «circulante» en el quirófano: preparar las mesas, limpiar la sangre, la grasa, los residuos. Era un trabajo duro, insalubre y desmotivante. Me levantaba a las 3:30 de la mañana, trabajaba hasta el anochecer y apenas alcanzaba a cubrir los gastos. Solo el *daycare* de los niños costaba 1500 dólares al mes. Más 2200 de renta.

Recuerdo que una vez, limpiando el salón de operaciones, me corté la mano con un bisturí usado. Me dejaron en seguimiento médico durante seis meses. Ese fue mi nuevo quiebre: tenía que salir de allí.

La oportunidad llegó cuando un conocido me ofreció gestionar dos apartamentos de lujo en el Downtown. Apliqué todo lo que sabía: fotos, decoración, atención al cliente. Empecé a ganar el 20 % de comisión, más lo que me dejaba la limpieza. Incluso yo mismo hacía el aseo de los apartamentos. En poco tiempo, generaba entre 4000 y 5000 dólares al mes. Dejé la clínica, respiré y volví a sentir que la vida tenía sentido.

Así nació Otero Management Group, mi compañía de gestión de propiedades, replicando el modelo que había creado en Cuba. Comenzamos con dos unidades. Luego, una persona nos confió otras doce. Al principio me pagaban solo el 10 %, pero yo estaba feliz: trabajaba desde casa, hacía lo que amaba y tenía autonomía. Incluso cuando llovía, me acordaba de los días en que iba a la clínica en la motito eléctrica, bajo el sereno. Ya no más.

Hoy gestionamos varias propiedades en Miami y otras zonas de Florida. Es una empresa *boutique*. Nos enfocamos en propietarios que valoran la calidad, la estética y los resultados reales. Pero algo más nació en ese proceso: Otero Academy, mi propia Academia de Airbnb.

Me di cuenta de que muchos querían entrar en el negocio, pero no sabían cómo. Otros tenían tiempo —madres en casa, profesionales con propiedades heredadas, emprendedores— pero necesitaban una guía. Y le di rienda suelta a otra de mis pasiones: la educación.

Otero Academy no es un curso más. Es un programa de acompañamiento y mentoría personalizada, dividido en tres etapas: educación, implementación y soporte. Damos clases en vivo, ayudamos con el diseño y la fotografía de las propiedades, y acompañamos el lanzamiento del primer Airbnb de cada estudiante. Además, resolvemos dudas cada semana, con seguimiento continuo.

He visto casos transformadores. Como el de una madre divorciada con tres hijos, que convirtió un estudio en el garaje de su casa en un ingreso de 3000 dólares mensuales. Otros estudiantes han escalado a cinco propiedades en menos de un año. El modelo funciona porque es repetible: haces bien una propiedad, obtienes cinco estrellas y creces.

Así fue como mi historia de resistencia, trabajo y transformación me llevó a fundar Otero Management y Otero Academy, compañías que hoy generan 6 cifras anuales. No fue fácil, pero cada golpe, cada error, cada noche sin dormir, me entrenó para esto. Para enseñar a otros lo que yo aprendí por las malas. No puedo negar que hubo días en los que quise rendirme. Jornadas interminables, decepciones. Pero también aprendí que cada obstáculo me preparaba para algo más grande. Que la pobreza me enseñó a valorar. Que el duelo me mostró cuánta fuerza podía haber en el amor. Que la migración no fue una pérdida, fue un renacer.

Lo que comenzó como una necesidad —poner comida en la mesa, pagar una renta, cuidar a mis hijos— se convirtió en un propósito: ayudar a otros a transformar su vida como yo transformé la mía. No me considero un gurú ni alguien que lo sabe todo. Soy un hombre que se negó a conformarse, que transformó cada error en aprendizaje y que hoy tiene algo valioso que compartir: conocimientos y herramientas. Un sistema que funciona. Porque yo no levanté Otero Management ni fundé Otero Academy para mostrar éxito, sino para compartirlo. Porque sé lo que es empezar desde cero, y sé que cualquiera puede hacerlo si tiene la mentalidad adecuada y una buena guía.

Por eso, en el capítulo II dejaremos mi historia a un lado y nos adentraremos a fondo en el tema de Airbnb. Te contaré cómo puedes entrar en este negocio, aunque no tengas experiencia, aunque no tengas propiedades, aunque creas que no estás listo. Vamos a hablar de oportunidades reales, de mitos que te paralizan, de mentalidad y, sobre todo, de personas como tú que ya lo están logrando.

Te conté mi pasado, pues quiero motivarte a no rendirte por más difícil que sea tu situación, para que tomes lo que te sirva de mi historia y empieces a escribir la tuya. Pero mi idea es que los capítulos siguientes sean tu guía para empezar con el pie derecho en Airbnb. Apenas estamos arrancando, y lo mejor está por venir...

De la lectura a la acción:
para crear una mentalidad estratégica

Este primer capítulo no solo cuenta una historia de transformación, también te presenta una pregunta clave: ¿desde dónde estás partiendo? Así como pude desafiar el miedo, la escasez y la incertidumbre con determinación, este es el momento para que identifiques cuáles son tus activos invisibles: esas habilidades, conexiones, ideas o recursos que ya tienes y que, bien enfocados, pueden convertirse en el punto de partida de algo mucho más grande.

Te propongo un ejercicio de reflexión práctica y estratégica, diseñado para ayudarte a visualizar tu punto de partida con mirada emprendedora. Responde con sinceridad. No se trata de lo que te falta, se trata de lo que ya tienes y aún no has capitalizado.

1. **Define tus recursos actuales: ¿qué sabes hacer bien? (idiomas, hospitalidad, ventas, decoración, *marketing*, resolución de conflictos)**

____

____

____

____

____

____

2. **¿Qué contactos podrías aprovechar o reactivar? (familiares, amistades, vecinos, exjefes)**

____

____

____

____

____

3. ¿Qué espacio físico o idea puedes convertir en oportunidad? (una habitación libre, una terraza, una conexión con alguien que tiene una propiedad)

4. Identifica tu «vaquita». ¿A qué estás aferrado por miedo a perder lo poco que tienes, en lugar de apostar por algo mayor?

«No nací con ventaja, pero elegí no quedarme donde estaba. Si yo pude transformar mi necesidad en propósito, tú también puedes cambiar tu historia con enfoque, mentalidad y una guía que funcione».

CAPÍTULO II

Introducción al negocio de Airbnb

La gente pensaba que estábamos locos.
Pero la locura a veces es solo visión adelantada.
Brian Chesky

No construimos una empresa,
construimos una comunidad. Esa fue la clave.
Joe Gebbia

En el capítulo anterior te conté mi historia: cómo pasé de vivir en una casa que se caía a pedazos en Centro Habana a fundar mis negocios de gestión y consultoría de Airbnb en Estados Unidos. Compartí contigo los momentos más duros —la pérdida de mi madre, la migración forzada, los trabajos duros—, pero también las decisiones clave que me llevaron a transformar mi vida. Ahora quiero mostrarte cómo este camino puede abrirse también para ti, sin importar tu punto de partida.

Tal vez en algún momento te has preguntado si este negocio funciona, si necesitas tener una propiedad para empezar, si podrías competir con los grandes hoteles o si vale la pena intentarlo sin capital. Yo también me lo pregunté alguna vez. Y aquí estoy, años después, convencido de que sí se puede. En este capítulo voy a responder a esas preguntas desde mi experiencia, sin adornos ni promesas vacías. Pero antes, hagamos un breve recorrido por la creación de Airbnb.

El origen de Airbnb y su revolución en la hospitalidad

La historia de Airbnb es un ejemplo de innovación, resiliencia y visión emprendedora. Nació en 2007, cuando dos diseñadores en San Francisco, Brian Chesky y Joe Gebbia, estaban en aprietos para pagar el alquiler. Decidieron improvisar: alquilaron colchones inflables en su sala durante una convención de diseño y ofrecieron desayuno casero. Así surgió el concepto de «Air Bed and Breakfast».

Luego se sumó al equipo Nathan Blecharczyk, un ingeniero con conocimientos técnicos, y juntos lanzaron en 2008 la primera versión del sitio: https://airbedandbreakfast.com. Aunque al inicio parecía una locura —¿quién iba a dormir en la sala de un desconocido?—, no se rindieron. Persistieron, escucharon a los usuarios, refinaron la plataforma y apostaron por estrategias creativas para financiarse, como vender cajas de cereales temáticos durante las elecciones de Obama y McCain.

El gran impulso llegó en 2009 cuando ingresaron a Y Combinator, una aceleradora de *startups* que no solo les dio fondos, también mentoría estratégica. Viajaron a Nueva York a conocer anfitriones, crearon un programa de fotografía profesional para mejorar los anuncios y hasta lograron integrarse a Craigslist para ampliar su alcance.

Desde ahí, todo cambió. Airbnb tuvo un crecimiento acelerado, se expandió por todo el mundo, superó barreras culturales y legales, y en 2020 salió a bolsa con una de las IPO más exitosas del sector. Pasó de ser una idea ridiculizada a una empresa global valorada en miles de millones.

Hoy está presente en más de 190 países, ofreciendo más que alojamientos: experiencias y servicios personalizados. Desde una habitación sencilla hasta un RV (vehículo recreativo o casa rodante), desde un departamento urbano hasta una casa rural, Airbnb permite transformar cualquier espacio en una fuente de ingresos. Democratiza la hospitalidad y le da herramientas a la gente común.

Revolucionó este sector porque:

- Eliminó a los intermediarios.
- Democratizó el acceso a la renta vacacional.
- Convirtió propiedades estáticas en activos generadores de flujo.
- Ofrece oportunidades para todo tipo de anfitriones, desde jubiladas que preparan desayunos caseros hasta inversionistas que diversifican su portafolio.
- Integra tecnología, escalabilidad y experiencia humana.

Yo lo viví en carne propia. Airbnb no es solo una plataforma: es una filosofía de negocio, una comunidad, una herramienta de transformación. Y eso, créeme, lo cambia todo.

Más que anfitriones: creadores de experiencias

Airbnb es para todos. Una ama de casa puede listar una habitación libre; un estudiante, rentar el cuarto de un hijo que ya no vive en casa; un migrante, administrar propiedades sin ser dueño; un gran inversor, alquilar *pent-houses* de lujo. No hay un perfil único.

También es posible empezar sin propiedad: puedes ofrecer una *experiencia* (una caminata por tu ciudad, una clase de cocina o un *tour* temático) o un *servicio* (masajes, chef privado, entrenamiento personal). Si tienes algo valioso que compartir, hay espacio para ti.

Airbnb no exige un nivel específico de lujo. Lo que determina el éxito es la calidad del servicio, la presentación del espacio y la autenticidad del anfitrión. Tampoco necesitas ser el propietario del inmueble. Airbnb no exige título de propiedad. Basta con que verifiques tu identidad como anfitrión, subas fotos y descripciones precisas, y publiques la propiedad. En algunas ciudades se requiere una licencia municipal, pero en la mayoría basta con cumplir las normas locales.

Ahora bien, aunque el ingreso a la plataforma es sencillo, mantenerse no lo es. Si mientes en el anuncio, exageras la calidad del espacio o acumulas malas evaluaciones, Airbnb puede suspenderte. El sistema otorga advertencias, pero tras reincidencias, elimina la propiedad o la cuenta de forma definitiva.

De hecho, lo que filtra la calidad en Airbnb no es un criterio de entrada impuesto por la plataforma, se trata de la competencia natural. Si tu espacio no cumple con expectativas básicas o si mientes en el anuncio, los malos comentarios te sacan del juego. La plataforma da advertencias, pero ante reincidencia, elimina tu cuenta: es un ecosistema que premia la excelencia y castiga la mediocridad. Por eso, Airbnb ha transformado la vida de personas que, sin experiencia previa, encontraron en esta herramienta una forma de generar ingresos, sentirse útiles y ofrecer un servicio de valor.

Mitos y realidades sobre el negocio de Airbnb

Antes de que empieces a soñar con tu primera reserva, déjame contarte algo que escucho casi todos los días: «Mario, ¿y si me destruyen la casa?», «¿y si no tengo una propiedad?», «¿y si la gente no reserva?». Hay muchos mitos circulando, por eso quiero ayudarte a separarlos de la realidad, desde la experiencia, sin filtros.

1. **«Tienes que ser dueño de una propiedad»**: falso. Puedes gestionar inmuebles de terceros o subarrendar de manera legal con autorización. Airbnb no exige título de propiedad. Lo que importa es la gestión, el servicio y la estrategia.
2. **«Se necesita una gran inversión inicial»**: también falso. Muchas personas comienzan con decoraciones básicas de tiendas asequibles. Lo que cuenta es la presentación, no el lujo. Hay propiedades que generan cientos de dólares por noche con muebles sencillos comprados en Amazon o Walmart. Yo mismo lo hice así en mis primeros departamentos en Cuba.
3. **«Es un negocio que te esclaviza»**: solo si no sabes cómo automatizar. Existen herramientas para programar mensajes, coordinar limpiezas, ajustar precios y reducir la carga operativa. Puedes crear sistemas y procesos que liberen tu tiempo y hagan el negocio más eficiente. Créeme, estuve ahí al principio, corriendo por todo. Hoy tengo libertad porque aprendí a delegar.
4. **«Me destruirán la propiedad»**: este es uno de los mitos más difundidos, muchas veces alimentado por la competencia hotelera. Con una buena configuración del anuncio, reglas claras, y filtros apropiados, es casi improbable. En casi una década, nunca he tenido una fiesta destructiva. Y si pasara, Airbnb tiene un seguro incorporado contra daños llamado Aircover.
5. **«No hay protección en caso de daño»**: falso. Airbnb cuenta con un seguro de más de 3 millones de dólares que cubre daños materiales, siempre que presentes la documentación requerida (fotos, facturas, informes). Airbnb protege al anfitrión cuando se cumplen sus

protocolos. Una vez, una de mis alumnas recibió 9000 dólares de reembolso tras un incidente. Es real.

6. **«Las propiedades nuevas no tienen oportunidad»**: falso. Durante los primeros 15 días, Airbnb les da visibilidad prioritaria para facilitar sus primeras reservas y evaluaciones. El algoritmo favorece a los nuevos anfitriones para que inicien con ventaja. Así comencé yo.
7. **«Solo funciona si estás en una zona premium»**: incorrecto. Muchos viajeros valoran más las amenidades, la atención del anfitrión o la relación calidad-precio. Una buena propiedad en una zona alejada puede ser más rentable que una mediocre en un punto turístico. Lo importante es el producto y la experiencia ofrecida.

Yo siempre pongo el ejemplo de mis viajes con la familia. Cuando vamos a Orlando, prefiero un Airbnb con cocina, piscina y más cuartos, aunque esté lejos de los parques. En Miami, tengo propiedades en el área de Homestead (bien alejadas del centro de la ciudad) que se alquilan muy bien. ¿Por qué? Porque hay clientes para todo. No todo es ubicación, también es conexión.

Y una cosa clave: Airbnb permite que el contrato con el huésped sea implícito dentro de la plataforma. Las reglas de la casa se establecen desde el anuncio. Si el huésped incumple y hay pruebas, Airbnb cancela la reserva sin reembolso. Así de claro.

En definitiva, Airbnb no es un espacio para improvisar: exige compromiso, planificación y vocación de servicio. Pero una vez que aprendes a gestionarlo, los mitos se derrumban y el negocio se convierte en una verdadera oportunidad.

Beneficios del negocio de Airbnb

Después de tantos años en esto, puedo decirte con seguridad que Airbnb no solo es una fuente de ingresos. Es una herramienta de libertad. Me cambió la vida. Me permitió salir de la conocida carrera de ratas de Kiyosaki, estar más presente con mi familia, viajar, crecer como emprendedor. Pero no es magia, es un negocio, y como todo negocio, tiene sus reglas. Aquí te cuento los beneficios más claros, desde mi propia experiencia:

1. **Libertad de tiempo**: puedes operar el negocio desde tu celular, sin horarios fijos ni presencia obligatoria. Ya sea para aprobar una reserva, responder una consulta o revisar métricas, todo se gestiona en minutos. Yo lo he hecho desde aeropuertos, playas y hasta en medio de vacaciones familiares. Es real.
2. **Libertad de ubicación**: no importa dónde estés. Puedes manejar tus propiedades desde cualquier parte del mundo. Como siempre digo: puedes estar tomándote una margarita en la playa y seguir gestionando tus reservas sin problemas.
3. **Ingresos superiores a la renta tradicional**: una propiedad bien presentada puede generar el doble o el triple que una renta lineal. Si tienes buenas fotos, buena decoración y un servicio excelente, los resultados llegan. He visto propiedades de 300 dólares la noche que terminan rentándose a 700 por su valor percibido y buena administración.
4. **Mayor control del inmueble**: en una renta anual, no sabes en qué estado está tu propiedad hasta que termina el contrato. En Airbnb, la propiedad se limpia y revisa una o varias veces por semana. Si algo se daña, lo arreglas

de inmediato. Eso mantiene tu inversión en buen estado y lista para cualquier oportunidad.

5. **Inversión segura y escalable**: como toda inversión en bienes raíces, la propiedad tiende a revalorizarse con el tiempo. Aunque haya crisis, si no vendes, no pierdes. Y si sube, puedes capitalizar esa ganancia. Airbnb combina estabilidad con crecimiento. Y lo mejor es que no necesitas ser millonario para empezar, ya que te puedes apalancar de préstamos bancarios.
6. **Modelo replicable**: una vez que aprendes a identificar oportunidades, decorar, publicar y atender con excelencia, puedes repetir el proceso con nuevas propiedades, tuyas o de otros. Yo lo logré en Cuba, uno de los entornos con más inestabilidad e incertidumbre del mundo para emprender. Si lo hice allá, créeme, tú puedes hacerlo donde sea.

Eso sí, como todo en la vida, hay que hacerlo bien. Pero si te comprometes, el negocio te devuelve con creces lo que inviertes.

¿Estandarización o calidez? La batalla silenciosa de la hospitalidad

Si alguna vez te preguntaste si Airbnb puede competir con los hoteles, déjame contarte lo que he aprendido: no solo puede competir, en muchos aspectos los supera. Aunque ambos están en el rubro de la hospitalidad, apuntan a públicos muy diferentes. Aquí te lo explico desde mi experiencia directa, comparando punto por punto.

- **Estandarización vs. Personalización**: los hoteles ofrecen estandarización, previsibilidad y servicios uniformes (recepción 24/7, *room service*, piscina común, bar). En

Airbnb, la experiencia depende del estilo y creatividad del anfitrión. Algunos ofrecen desayuno casero, otros una guía personalizada de la ciudad. Cada propiedad tiene alma.

- **Precio**: una habitación de Orlando, sin más que una cama y wifi, puede costar 200 o $300 por noche. En ese mismo rango puedes alquilar una casa entera en Airbnb con piscina, cocina, patio y espacio para toda la familia.
- **Espacio y comodidad**: en Airbnb, lo más común es alquilar casas completas. Son perfectas para grupos, familias, gente que quiere cocinar, relajarse, tener su parrillera o tal vez más privacidad. Es una casa fuera de tu casa. En cambio, el hotel te ofrece esa habitación fría, con alfombra vieja y sábanas estándar.
- **Conexión humana**: en los hoteles el trato es impersonal. En Airbnb puedes conectar con tu anfitrión, compartir una charla o recibir recomendaciones locales: hay calidez, hay historia, hay conexión humana real.
- **La experiencia**: ahí es donde Airbnb gana. Los hoteles están diseñados para que todo sea igual. En Airbnb vives la ciudad desde dentro. No es solo dormir, es sumergirte en el lugar, en su gente, en su esencia.

En resumen, si bien los hoteles pueden seguir siendo opción para quienes buscan lo predecible, Airbnb representa una experiencia auténtica. No es solo una cama. Es una historia, una vivencia y eso, en estos tiempos, vale oro.

Comparación: Renta a corto plazo vs. Renta lineal

Esta es una de las preguntas que más me hacen en la academia: «Mario, ¿es mejor alquilar por Airbnb o rentar de forma tradicional?». Y la verdad es que no hay una única respuesta. Todo depende de tu perfil, tus metas y tu disposición a aprender. Pero para que lo veas más claro, aquí te presento una clara tabla comparativa. Porque cuando veas los puntos sobre la mesa, las diferencias saltarán a la vista.

Aspecto	**Renta a corto plazo (Airbnb)**	**Renta lineal (Tradicional)**
Ingresos	Mayor ingreso potencial, sobre todo en temporadas altas, eventos y fines de semana.	Ingreso constante y más seguro, pero más bajo.
Gestión y operación	Gestión diaria: limpieza, *check-in* o *check-out*, atención, *marketing*.	Mantenimiento esporádico cuando algo se daña.
Ocupación y riesgo	Riesgo de noches vacías, pero mayor rentabilidad.	Ocupación garantizada, pero ingresos más bajos.
Ocupación ilegal	Contrato por días, si no se va, es ilegal y puede intervenir la policía.	Morosidad, procesos legales largos si el inquilino no quiere salir. (*Evictions*)
Control del inmueble	Revisión semanal con personal de limpieza.	Poco control durante el contrato anual.
Huéspedes difíciles	Puedes hacer una evaluación negativa y bloquear para siempre.	Si es problemático, debes aguantarlo por el tiempo del contrato.
Desgaste de la propiedad	Menor desgaste, estadías cortas y reclamos por daños cubiertos.	Mayor deterioro: cocinas constantes, mascotas, niños, suciedad acumulada, etc.
Servicios públicos	Menor consumo: los huéspedes pasan el día fuera.	Consumo continuo durante todo el día.

Lo resumo así: si estás dispuesto a trabajar más y aprender cómo funciona, Airbnb es más rentable, más dinámico y te da más control. Si buscas seguridad sin complicarte, entonces la renta lineal puede ser tu camino. Pero si me preguntas a mí, no hay comparación: Airbnb me cambió la vida y también la de cientos de mis estudiantes.

¿Cuáles son los servicios que tienes que ofrecer?

Cuando hablamos de servicios en Airbnb, hay que entender que el estándar no lo pone la plataforma, sino la experiencia. Esto es algo que aprendí a lo largo de los años: lo que te distingue no siempre es lo estándar o lo necesario; lo que te distingue es eso que sabes hacer con excelencia.

Lo primero que hay que tener claro es que la limpieza es fundamental. Airbnb te permite cobrar una tarifa adicional por limpieza, y en la mayoría de los casos se hace una por estancia. Por ejemplo, si alguien se queda cinco noches, se limpia justo antes de su llegada, y luego de su salida se limpia otra vez para recibir al siguiente huésped. En casos de estadías largas, como de un mes, puedes incluir una limpieza intermedia.

Además de la limpieza, hay ciertas comodidades básicas que se esperan, aunque no son obligatorias. Me refiero a tener aire acondicionado, agua, electricidad, buen estado general. También solemos dejar café, azúcar, sal, aceite, vinagre, cosas que el huésped agradece mucho porque hacen más cómodo el inicio de su estadía. Eso no es algo que te exige Airbnb, pero es una práctica común y muy valorada.

La plataforma te da la opción de marcar amenidades en el anuncio: *shampoo*, gel de baño, secador, toallas, papel higiénico, plancha, cocina equipada, etc. Todo eso depende de ti como anfitrión. Mientras más marcas, mientras más claro tengas lo que ofreces y lo que no, mejor será la experiencia del huésped y mayor será tu puntuación.

Aquí es donde entra un tema clave: la credibilidad. Airbnb apuesta a caballo ganador. Si tienes buenos *reviews*, si cumples tu palabra, si tienes un precio competitivo y ofreces lo que prometes, la plataforma te premia. Te sube en el *ranking*, te muestra más y empiezas a tener ocupación completa casi todo el mes. Yo lo he vivido: 27, 28 noches al mes llenas, pero eso no pasa por arte de magia. Pasa porque eres constante, claro, profesional.

Por eso siempre digo que en Airbnb la perseverancia y la calidad son las llaves del éxito.

¿Para quién sí es este negocio?

Desde mi experiencia, el negocio de Airbnb no es para todo el mundo. Para mí, esto funciona para personas con pasión por la excelencia. Si eres alguien chapucero, que hace las cosas a medias, créeme: no te va a ir bien aquí. Lo he visto muchas veces. Personas que no cuidan los detalles, que no decoran bien, que suben fotos malas: fracasan.

Tienes que ser una **persona resolutiva**, de respuesta rápida. En este negocio no hay tiempo para llorar por los problemas. Si se rompe un aire acondicionado a las 10 de la noche y tienes una madre con un niño en esa propiedad, tú no puedes quedarte pensando «no es mi culpa». Tú resuelves, punto. Este negocio te exige reacción inmediata. Es el dinero y el tiempo de otros lo que está en tus manos.

Otra cualidad clave es ser una **persona de servicio**. Tienes que disfrutar tratar con gente. Si no sabes lidiar con otros o no te gusta socializar, se te va a hacer cuesta arriba. Yo tengo un amigo médico que gana muy bien, pero me decía que no podría hacer esto porque cuando llega a casa, no quiere saber más de nadie. En cambio, en Airbnb, a veces son las once de la noche y tienes que atender una consulta. Eso hay que tenerlo claro desde el principio.

Ahora, si tienes espíritu competitivo y te gusta diferenciarte, aquí hay espacio para brillar. **Tienes que ganarte al cliente**. Hay miles de opciones en cada ciudad. ¿Por qué van a elegirte a ti? Por tu decoración, por tus fotos, por las amenidades. Yo tengo propiedades tematizadas: una de Elvis Presley, otra de Marilyn Monroe, una de Messi. Y eso atrae a nichos específicos. Incluso si no estás en la mejor zona, si tienes una propuesta original, puedes llenar todo el mes. Otro diferenciador son los extras útiles: una cuna, un *jacuzzi*, *check-in* anticipado, pequeños gestos que te separan del resto. En este negocio, el detalle vende.

También hay que entender que este no es un negocio de velocidad, sino de resistencia. A eso me refiero: yo he tenido propiedades que el primer año no generaron tanto dinero, pero ya en el segundo duplicaron ganancias y, en el tercero, se triplicaron. ¿Por qué? Porque mientras más tiempo llevas, más te posicionas en la plataforma. Empiezas a recibir reservas con meses de anticipación. ¿Y qué hago yo cuando tengo tres meses por delante ya llenos? Subo los precios. Y eso se traduce en mayores ingresos.

Y como todo en la vida, no solo sube el precio de la leche, la gasolina o el pan. También sube el precio del alojamiento. Si el año pasado todos en tu zona cobraban 100 dólares, y este año cobran 200, y tú tienes un producto superior, puedes colocar tu precio en 250 o 300, y habrá gente dispuesta a pagarlo. Nadie quiere arriesgar sus vacaciones con alguien poco profesional, por ello todos quieren alojarse con *Superanfitriones*.

En resumen, este negocio sí es para personas con **disciplina**, **disposición** para aprender, **constancia** y **vocación de servicio**. No es para los que solo quieren dinero fácil ni para los que se rinden rápido. Aquí, como en todo en la vida, no gana el más veloz: gana el que persiste.

¿Para quién no es este negocio?

Ahora bien, también tengo claro para quién no es este negocio. Y es importante decirlo con total sinceridad: no es para quienes solo buscan dinero rápido sin esfuerzo. Esto no es una máquina mágica para hacerse millonarios. Hay que trabajar, aprender y estar dispuesto a mejorar día tras día.

Tampoco es para personas que no toleran los imprevistos ni el trato con el público. Aquí vas a tratar con huéspedes exigentes, resolver urgencias en horarios incómodos y mantener una actitud profesional siempre. Si eso no es lo tuyo, vas a frustrarte muy rápido.

No es para quienes no estén dispuestos a aprender, adaptarse ni crecer. La plataforma cambia, las tendencias evolucionan y, si no te actualizas, te quedas atrás. Esto requiere humildad, disposición y ganas de superarse.

En definitiva, si eres de los que se rinde ante la primera dificultad, si te quejas más de lo que actúas, o si no estás dispuesto a ofrecer un servicio excelente, este negocio no es para ti. Airbnb premia a los que perseveran, no a los que improvisan.

En resumen, este capítulo fue una radiografía clara del negocio de Airbnb: sus mitos, verdades, ventajas y exigencias. Pero más allá de lo técnico, lo que quiero dejarte es una idea poderosa: sí se puede. Se puede empezar sin ser dueño, se puede aprender desde cero, se puede automatizar para tener tiempo libre, se puede crecer. Pero para eso, hay que estar dispuesto a trabajar con excelencia, a servir y a resistir.

Ahora que ya tienes claro qué es Airbnb y cómo funciona, el siguiente paso es descubrir cómo empezar de acuerdo a tu situación actual. Porque no todos arrancamos desde el mismo punto, pero todos tenemos una puerta de entrada. Tal vez no tengas una propiedad todavía, pero sí puedes administrar la de alguien más. Quizá no tengas mucho capital, pero puedes hacer subarriendo legal con acuerdos claros. O a lo mejor tu diferencial está en ofrecer experiencias inolvidables, más allá del alojamiento.

En el próximo capítulo te voy a mostrar todos los modelos de negocio posibles dentro de Airbnb: desde la inversión directa hasta el *co-hosting,* pasando por el subarrendamiento y los servicios complementarios. Además, te enseñaré cómo analizar si una zona es rentable, qué herramientas puedes usar y qué errores debes evitar. Vamos a ver ejemplos reales y estrategias prácticas que pueden ser tu punto de partida.

Prepárate porque este negocio ya no será solo una idea: juntos vamos a convertirlo en un plan alcanzable.

De la lectura a la acción: activa tu plan Airbnb

Antes de seguir al próximo capítulo, te propongo algo sencillo, pero poderoso. Tómate unos minutos para escribir tus respuestas a estas preguntas. No necesitas tener todas las respuestas claras ahora mismo, lo importante es que empieces a pensar como anfitrión:

1. **¿Qué espacio podrías ofrecer hoy? ¿Una habitación libre? ¿La casa de un familiar? ¿Tu departamento cuando te vas de viaje?**

2. **¿Qué experiencia única podrías compartir con un visitante? (¿Sabes cocinar algo especial? ¿Conoces rincones secretos de tu ciudad? ¿Tienes una historia que merezca ser vivida?)**

____

____

____

____

____

____

3. **¿Qué te detiene hoy para comenzar en Airbnb? (¿Miedo, falta de dinero, no saber por dónde empezar, inseguridad técnica?)**

____

____

____

____

____

____

Cuando lo pones en palabras, aunque sea solo para ti, comienzas a darle estructura a algo real. Así se empieza cualquier proyecto que vale la pena: paso a paso, con intención.

*«Airbnb no premia
al más rápido,
sino al que persiste
con excelencia.
Si tienes disciplina,
pasión por servir
y ganas de destacar,
este negocio tiene
un lugar para ti».*

CAPÍTULO III

Modelos de negocio en Airbnb

No todos empiezan igual,
pero todos pueden comenzar.
Lo importante es identificar
tu punto de partida
y tomar acción desde ahí.
Mario Otero

Una de las cosas que más me gusta del negocio de Airbnb es que no existe un único molde. No hay una sola forma correcta de comenzar. De hecho, lo primero que le digo a mis estudiantes es: «Airbnb no es un modelo, es un ecosistema». Y como todo ecosistema, es diverso, flexible y lleno de vida. Aquí caben muchas estrategias, oportunidades y niveles de inversión.

Puedes arrancar desde la cima —comprando y gestionando propiedades propias de lujo— o empezar sin un solo dólar en el bolsillo, pero con algo que vale oro: el don de servir, de comunicar, de conectar. Hay caminos que requieren capital, y otros que solo necesitan iniciativa, conocimiento, disciplina y creatividad. Eso lo cambia todo, porque abre las puertas a quienes están listos para actuar.

Lo que sí necesitas es mentalidad emprendedora, compromiso con la excelencia y claridad sobre tus recursos. Este negocio no premia al más afortunado, premia al que se atreve a construir con lo que tiene.

En este capítulo te voy a mostrar cinco formas en las que cualquier persona —sí, cualquier persona, desde cualquier parte del mundo— puede generar ingresos reales con Airbnb. Algunas permiten empezar desde cero. Otras ayudan a escalar. Lo importante es que conozcas tus opciones, evalúes tu situación y elijas el camino que más se alinee con tu visión.

Además, estas formas no compiten ni se anulan entre sí. Pueden convivir en la misma cuenta e incluso potenciarse. A eso yo le llamo **crecimiento compuesto**: cuando combinas varios modelos, creas un ecosistema rentable donde cada parte alimenta a la otra.

Yo mismo he probado más de uno. Algunos los inicié sin dinero. Otros me costaron horas de ensayo y error. Pero todos me enseñaron algo. Por eso este capítulo no es solo una guía técnica: es una brújula. Te va a ayudar a ubicar tu punto de partida con claridad y, desde ahí, construir tu propio camino.

Gestión de propiedades de otros *(co-hosting)*

Empecé sin casa, sin dinero, pero con hambre de aprender. Así descubrí el *co-hosting*. Y fue la puerta que me abrió todas las demás.

Si hoy no tienes capital, no pasa nada. Puedes comenzar sin invertir ni un centavo. ¿Cómo? Gestionando propiedades ajenas. Este modelo, conocido como *co-hosting*, consiste en ofrecer tu tiempo y conocimiento a propietarios que no viven cerca, no tienen tiempo o no saben cómo gestionar bien su propiedad en Airbnb. A cambio, recibes un porcentaje de las ganancias. Claro y directo.

¿Por qué recomiendo este modelo?

- Crecimiento sin techo: puedes gestionar una, cinco o cien propiedades si estructuras bien tu equipo. Airbnb no impone límites. Tu ingreso depende de tu capacidad de organización y la cantidad de propiedades que logres agregar a tu portafolio de gestión.
- Ingresos reales: en zonas como Florida, una casa de cuatro habitaciones con piscina puede generar entre 10 000 y 12 000 dólares al mes. Con una comisión del 20 %, ganarías entre 2000 y 2400 dólares. Y eso sin haber comprado la propiedad.
- No se requieren títulos ni licencias: muchas personas creen que necesitas ser agente inmobiliario. No es así. Airbnb solo exige responsabilidad, comunicación clara y cumplir las normas locales de cada ciudad. Con eso basta.
- Riesgo bajo: si el acuerdo no funciona, se termina. No hay inversión inicial ni deudas. Ofreces tu tiempo y tu servicio. Eso te da flexibilidad y libertad para aprender.
- Modelo replicable: si eres organizado, servicial y detallista, este modelo te puede abrir muchas puertas. ¿Sabes qué pasa cuando haces bien tu trabajo? Que te recomiendan. Y ahí empieza el crecimiento compuesto ya que tu buena fama hace que más propietarios se interesen en tus servicios.

Eso sí, nada de acuerdos verbales. Deja todo por escrito: tus responsabilidades, la comisión, los tiempos de respuesta y las reglas del juego. La claridad protege a ambas partes.

En nuestra Academia tenemos historias de éxito increíbles en este modelo de negocios. Por ejemplo, una abuelita de 75 años, coadministra tres propiedades en Pembroke Pines,

Florida y gana entre 5000 y 7000 dólares al mes. También, una pareja de ingenieros informáticos, empezaron con una propiedad y hoy tienen una empresa de limpieza y *co-hosting* con ocho inmuebles en West Palm Beach. Lo que empezó como un ingreso extra, se convirtió en su principal fuente de ingresos.

¿Qué hace un buen *co-host*?

Una cosa es entender el modelo. Otra muy distinta es vivirlo. Ser *co-host* no es sentarse a ver cómo entran las reservas. Aquí tú eres la cara visible de la propiedad. Eres el punto de contacto del huésped, el solucionador de problemas, la persona que hace que todo funcione. Recuerda que el dueño te da un porciento de las ganancias para que te encargues de todo y no lo molestes cuando haya problemas.

Por razones educativas, divido las tareas de un *co-host* en dos grandes áreas: gestión operativa y gestión *online*. Así es más fácil visualizar en qué consiste este rol.

1. Gestión operativa

Es la parte que incluye todo lo relacionado con el huésped y la propiedad. Aquí se define gran parte de la experiencia del viajero. Estas son algunas de tus tareas:

- Coordinar al equipo de limpieza para que cada *check-in* esté impecable.
- Verificar que no falte nada: café, toallas limpias, jabón, papel higiénico, los detalles que marcan la diferencia.
- Atender mensajes o llamadas si surge un problema durante la estadía.
- Supervisar reparaciones, mantenimiento y servicios básicos.
- Si el acuerdo lo contempla, gestionar pagos de servicios públicos y otros costos operativos.

Y sí, si el aire acondicionado se daña a las 10 de la noche, tú respondes. Si hay una fuga, una queja o un malentendido, tú das la cara. Porque el propietario te confía su propiedad y espera tranquilidad y resultados.

2. Gestión *online*

Esta es la parte digital del trabajo, pero no por eso menos importante. Aquí te encargas de todo lo que sucede en la plataforma y en la estrategia de visibilidad y posicionamiento de la propiedad:

- Crear el anuncio desde cero, con fotos de calidad y descripciones atractivas.
- Mantener el calendario al día y ajustar precios según la demanda.
- Activar promociones, aplicar descuentos y mejorar la posición del anuncio.
- Gestionar reservas, comunicarte con los huéspedes en cada etapa de su experiencia.
- Pedir reseñas, responder comentarios y manejar con tacto las críticas.
- Solicitar compensaciones en caso de daños a través de AirCover, el programa de protección de Airbnb.

Todo esto forma parte del día a día. Y aquí viene la mejor parte: tu perfil como *co-host* se convierte en tu nuevo currículum y fuente de credibilidad. Mientras más propiedades gestiones, más reseñas acumules y mejores resultados logres, mayor será tu reputación dentro de la plataforma. Airbnb funciona por historial. Cuanto más tiempo lleves activo, más propiedades gestiones y más confianza generes, mayores serán tus oportunidades, ya que el algoritmo mejorará tu *ranking* en los resultados de búsqueda.

Yo lo viví. Mi cuenta creció porque trabajé con propiedades de otros. Así acumulé experiencia, visibilidad y reputación. Cuando empecé a listar las mías, las reservas llegaron más rápido. Es literalmente como sembrar una semilla en tierra fértil.

¿Cuánto se cobra y cómo estructurar un buen acuerdo?

Una de las preguntas que más me hacen es: «Mario, ¿cuánto se cobra por gestionar una propiedad?». Y mi respuesta siempre es la misma: depende de lo que hagas. El rango típico va del 10 al 30 % de los ingresos generados por la propiedad. Todo depende del tipo de alojamiento, tu experiencia y el alcance del servicio que brindes.

- Si solo manejas la parte *online* —anuncio, comunicación, precios—, lo normal es cobrar entre el 10 y el 15 %.
- Si además asumes toda la operación —limpieza, mantenimiento, atención al huésped—, el porcentaje puede subir al 20 o 30 %, o incluso más si se trata de una propiedad exigente o ubicada en un mercado competitivo.

Mientras más completo sea tu servicio, más valor aportas y mayor puede ser tu comisión.

Así fue como empecé yo. Administré la casa de alguien que vivía fuera del país. No era mía, pero esa experiencia me dio ingresos y, sobre todo, aprendizaje y experiencia real. Gracias a eso, más adelante pude invertir en mi primera propiedad, y luego vinieron la segunda, la tercera y la cuarta.

Ahora bien, hay algo fundamental que siempre aclaro: el *co-host* no debe cubrir gastos operativos. No debes pagar por reparaciones, servicios públicos ni visitas técnicas. Todos esos costos los asume el propietario. Incluso la limpieza la paga el huésped como parte de su reserva. Y si ocurre algún daño, Airbnb cuenta con un seguro interno llamado AirCover, que cubre hasta tres millones de dólares. Ese respaldo está incluido en la plataforma. No hay letra pequeña ni cargos ocultos. Ni tú ni el propietario tienen que pagar nada extra por ese beneficio.

Por eso insisto: si estructuras bien tu operación, puedes ofrecer un servicio profesional, rentable y completo sin invertir un solo dólar. Solo necesitas compromiso, enfoque y ganas de hacer las cosas bien. Y lo más importante: mientras generas ingresos, estás construyendo un activo invisible, pero poderoso: la confianza. En Airbnb, la confianza lo es todo.

¿Debo usar mi perfil o el del dueño? Pros y contras

Otro dilema común: «¿Debería publicar la propiedad desde mi perfil o usar el del propietario?». Mi respuesta es clara: usa tu propio perfil siempre que sea posible. Te explico por qué.

Estas son las ventajas de trabajar desde tu cuenta de Airbnb:

- Conservas los *reviews* y la reputación, incluso si el contrato se termina.
- Acumulas experiencia que impulsa tu cuenta hacia el estatus de *superhost*.
- Tienes control total sobre precios, calendario y comunicación con los huéspedes.
- Centralizas la operación: limpiezas, ingresos, reportes, todo está en un solo lugar.
- Y lo más importante: Airbnb se comunica de manera directa con el titular del perfil. Si algo se complica, tú puedes resolverlo, sin molestar al dueño.

Ahora bien, también hay una desventaja que no puedes ignorar: si el propietario hace cambios sin avisar, cancela reservas o bloquea fechas, eso afecta de forma directa tu perfil, tu reputación y tu negocio. Por eso insisto tanto en esto: debes tener un contrato firmado. Ese documento te protege. En él debe quedar claro que:

- Solo tú puedes gestionar reservas y hacer modificaciones.
- El propietario no puede cancelar fechas sin justificación ni intervención tuya.
- Cualquier penalización o cargo por errores ajenos será asumido por el dueño, no por ti.

Conviértete en una solución

El secreto para tener éxito como *co-host* está en esto: no ofrezcas un servicio más, conviértete en la solución a un problema real. ¿El dueño no tiene tiempo? Tú lo resuelves. ¿No sabe usar la plataforma? Tú lo haces por él. ¿Quiere mejorar sus ingresos? Le enseñas con datos. Así es como se gana confianza. Y cuando te ganas la confianza, el resto llega solo. Este modelo fue mi primer paso en el mundo de Airbnb. Y si tú también quieres comenzar sin tener una propiedad, este camino está abierto para ti.

¿Cómo conseguir tu primera propiedad para gestionar? Estrategias que sí dan resultados

Conseguir la primera propiedad es el paso más desafiante en el mundo *del co-hosting*. ¿Por qué? Porque no tienes experiencia ni reputación. Pero lo bueno es que solo necesitas una. Una primera oportunidad que te permita demostrar lo que sabes hacer. Después de eso, la credibilidad se multiplica sola.

Aquí te dejo estrategias concretas que han funcionado a mí y a mis estudiantes:

1. **Alíate con agentes de bienes raíces**: muchos agentes trabajan con propietarios que están abiertos a explorar Airbnb, pero no saben por dónde empezar. Propón un acuerdo: tú gestionas, ellos recomiendan tu servicio, y les das un porcentaje mensual (por ejemplo, si cobras un 20 %, darles un 5 %). Así todos ganan.
2. **Acércate a tu red cercana**: amigos, colegas de trabajo, conocidos. Muchas veces la primera propiedad viene de alguien que confía en ti.
3. **Crea contenido en redes sociales**: habla de Airbnb, de tus aprendizajes, de cómo ayudarías a otros. Muchos de mis estudiantes empezaron con un simple post en Instagram y luego llegaron las oportunidades.
4. **Escribe a anfitriones en tu zona**: usa la plataforma de Airbnb para encontrar propiedades activas en tu ciudad. Si ves anuncios mal presentados, con fotos pobres o comentarios negativos, escribe a ese dueño y proponle una reunión. Preséntale cómo podrías mejorar sus resultados.
5. **Contacta a dueños que hacen renta lineal**: muéstrales con números cómo Airbnb podría duplicar o triplicar sus ingresos. Recuerda: no vendes humo, vendes una oportunidad real basada en resultados.
6. **Regístrate en cohostmarket.com**: es una web especializada donde los anfitriones publican solicitudes buscando *co-hosts*. Muchos estudiantes míos han conseguido clientes allí.
7. **Entra a grupos de Facebook y Meetup**: hay comunidades activas donde se comparten oportunidades, dudas y alianzas. Participa, aporta valor y la red te devolverá oportunidades.

Y lo más importante: **actitud y excelencia**. Si haces bien tu trabajo con la primera propiedad, eso se riega como pólvora. A mí me pasó, me bastó con una propiedad bien gestionada para que poco a poco todos empezaran a buscarme. Pasas de ser un desconocido a ser el «rey Midas» que transforma propiedades dormidas en negocios rentables. En cualquier mercado una persona que te ayuda a aumentar tus ingresos es un activo muy valioso.

Subarrendamiento - *Rental Arbitrage* o *Sublease*: ¿Cómo emprender sin comprar una propiedad?

Después del *co-hosting*, el siguiente modelo para emprender en Airbnb sin ser propietario es el subarrendamiento, también conocido como *sublease* o *rental arbitrage*. Este modelo consiste en alquilar una propiedad de forma tradicional —es decir, con un contrato de renta lineal— y obtener el permiso del dueño para subrentarla como alojamiento de corto plazo a través de plataformas como Airbnb, VRBO o Booking.

Ahora bien, aquí quiero hacer una pausa importante. Mucha gente piensa que esto es ilegal, pero no lo es siempre que tengas el autorizo del dueño. El problema es que muchos lo han hecho de forma incorrecta: sin permiso, a escondidas, en propiedades donde está prohibido. Y como decía mi tío: «Más rápido se atrapa a un mentiroso que a un cojo». Si arrancas tu negocio así, tarde o temprano lo vas a perder. Este modelo funciona si y solo si lo haces con autorización, contrato y total transparencia. Yo nunca voy a recomendarte empezar un negocio sobre mentiras. Si lo haces mal desde el principio, tarde o temprano lo pierdes todo. Pero si lo haces bien —con contratos claros, honestidad y estrategia—, el subarrendamiento puede ser una puerta poderosa para crecer sin necesidad de comprar una propiedad.

Necesitas permiso por escrito del propietario. Yo siempre recomiendo reunirte con él o ella, presentarle tu plan, explicar los beneficios y ofrecer garantías. Cuando lo haces bien, muchos dueños ven con buenos ojos esta propuesta, porque les aseguras ingresos estables sin dolores de cabeza.

Una vez logrado el acuerdo, haces una inversión inicial para amueblar, decorar y poner a punto el espacio. En promedio, puedes recuperar lo invertido en cuatro a seis meses, dependiendo del mercado. A partir de ahí, todo lo que generes es ganancia.

Este modelo requiere más responsabilidad, porque tú asumes el contrato de arrendamiento, los pagos mensuales y el mantenimiento. Pero también te da mayor control y, si lo manejas bien, mayores márgenes de ganancia. En mi Academia tenemos el caso de éxito de Sullima, una inmigrante cubana sin papeles que empezó subrentando una propiedad en Miami y hoy genera más de 20 000 dólares mensuales administrando varias unidades en *sublease* y su propia compañía de limpieza. ¿Cómo lo logró? Con enfoque, trabajo limpio y constancia.

Este modelo no es para todo el mundo, pero si estás dispuesto a asumir la responsabilidad y tener una conversación honesta con los propietarios, puede abrirte muchas puertas.

¿Cómo conseguir el permiso para hacer *sublease*?: el arte de la cita presencial

Te lo digo desde ya: no vas a conseguir este permiso por teléfono ni por correo. No hay excepciones. Ninguno de mis estudiantes lo ha logrado así. El permiso para hacer *sublease* se gana en una cita presencial, cara a cara, con el propietario.

Esa reunión no es cualquier encuentro. Es tu oportunidad para mostrar quién eres, cómo trabajas y por qué esa persona debería confiarte su propiedad. Y créeme, la palabra «Airbnb» puede jugar en tu contra si no sabes cuándo y cómo usarla. Mucha gente la asocia con fiestas, caos, muebles rotos y vecinos molestos. Tu misión es cambiar esa percepción. Mostrar que este modelo, bien gestionado, es profesional, seguro y rentable para ambas partes.

Por eso, antes de abrir la boca, necesitas prepararte con seriedad:

- Vístete con sobriedad: no tienes una segunda oportunidad para dar una buena primera impresión.
- Si tienes auto, llévalo limpio: todo comunica.
- Lleva evidencia sólida: capturas de pantalla de reservas, reportes de ingresos, reseñas, cuentas bancarias, referencias personales o comerciales.
- En Estados Unidos, suma tu historial crediticio, récord policial limpio y, si puedes, un Eviction History (documento que demuestra que nunca has sido desalojado).

Lo que buscas es que el propietario vea a una persona confiable, seria, con un plan y con criterio profesional. Nadie entrega su propiedad a un improvisado.

Una buena estrategia es hablar de renta corporativa. Explícale que alquilas propiedades en zonas de alta demanda para ofrecer estadías a corto plazo a personas que vienen por trabajo, estudio o turismo responsable: médicos, ingenieros, estudiantes de posgrado, familias que se mudan de ciudad. Nada de descontrol.

Y si llega la pregunta:

—¿La vas a publicar en Airbnb?

Respóndele con firmeza:

—Sí, claro que la publico. No estar en Airbnb sería ignorar la plataforma más grande del mundo en el sector de las rentas a corto plazo. Pero eso no significa desorden. Mi forma de trabajar incluye reglas estrictas, supervisión continua, filtros de huéspedes y control digital.

Educar es parte del proceso de venta. Si el dueño entiende que estás ayudándolo a maximizar el valor de su propiedad sin esfuerzo, ya tienes medio camino ganado.

Beneficios para el dueño: tus mejores argumentos para cerrar el trato

Un buen negocio es en el que ambas partes se benefician, sin excepciones. Aquí está la clave: mostrarle cómo gana él. Estos son los argumentos que siempre enseño a mis estudiantes:

1. **Pagos garantizados, sin morosidad**: tú, como empresa, harás depósitos puntuales cada primero de mes. Incluso puedes ofrecer una cláusula de penalización en el contrato: si te atrasas, pagas 500 dólares. Eso transmite seguridad.
2. **Renta más alta**: puedes pagarle 100, 200 o hasta 300 dólares más que un inquilino tradicional. ¿Por qué? Porque si ves que puedes sacarle gran rentabilidad a esa propiedad, puedes ofrecer un poco más al dueño para asegurar el negocio.
3. **Limpieza constante**: la propiedad se limpia a fondo cada vez que entra o sale un huésped. Queda como nueva varias veces a la semana. No hay acumulación de suciedad ni abandono.
4. **Menos deterioro**: los huéspedes se quedan pocos días y pasan la mayor parte del tiempo fuera. El desgaste es mínimo. No hay perros viviendo siempre, ni niños que pintan paredes, ni muebles destruidos.
5. **Huéspedes verificados**: las plataformas hacen filtros de seguridad. Además, tú puedes aplicar los tuyos: historial

positivo, identidad confirmada, aceptación de reglas como no fiestas, no fumar y no visitas adicionales.

6. **Supervisión activa**: realizas inspecciones trimestrales, chequeas pintura, grifería, pequeños detalles. Puedes instalar cámaras exteriores (legales) y sensores de ruido, humo o aglomeración (como los Minut). De esta forma las fiestas y destrucción se frenan.
7. **Transparencia y confianza**: puedes invitar al dueño a visitar su propiedad una vez al mes. Eso no lo permite el arrendamiento tradicional. Es una relación clara y profesional.
8. **Estabilidad a largo plazo**: si el negocio funciona, te quedas varios años. Él se olvida de buscar inquilinos, renegociar contratos o lidiar con mudanzas. Gana paz financiera.

¿Cuánto cuesta arrancar y cómo saber si vale la pena?

Ahora que ya entendiste cómo funciona el subarrendamiento y cómo negociar con el dueño, viene una de las preguntas más importantes: ¿cuánto cuesta empezar? y ¿cómo sé si vale la pena? Porque aquí no se trata solo de soñar: se trata de hacer números, ser estratégicos y asegurar que estás entrando a un negocio que te va a dar frutos reales.

Lo primero que debes saber es que nunca deberías elegir una propiedad que requiera grandes reparaciones. Este modelo no es para remodelar una casa entera. Yo siempre digo: «Como máximo, se pinta. Nada de tumbar baños ni levantar cocinas».

Estos son los costos iniciales más comunes:

1. **Primer mes de renta + último mes + depósito de seguridad**: es lo usual que pida el dueño. Pero si negocias bien, podrías ahorrarte el depósito.

2. **Decoración y mobiliario**: vas a necesitar que la propiedad se vea bien en las fotos. Cama, sábanas, cortinas, cocina equipada, detalles decorativos. Esta inversión es clave.
3. **Mantenimiento inicial y ajustes**: cosas básicas: bombillos, pintura, pequeños retoques.
4. **Fotografía profesional**: no es opcional. Si las fotos no venden, no reservas. Una buena sesión puede marcar la diferencia entre el éxito y el fracaso.

Dato importante: mis estudiantes suelen recuperar la inversión en decoración entre 4 y 6 meses después de lanzar la propiedad. Por eso, siempre recomiendo firmar contratos de mínimo dos años. ¿Por qué? Porque el primer semestre es para recuperar. Luego de este periodo es que empezamos a generar ganancias.

¿Cómo saber si una propiedad es rentable antes de firmar?

Aquí no vamos a jugar al azar. Vamos a usar datos. Así es como yo lo hago y como lo enseño:

1. **Revisa los comparables en AirDNA**: u otras plataformas que te muestren cuánto cobran propiedades similares en la zona.
2. **Calcula tu «punto de equilibrio»**: si en los primeros 15 días del mes tú logras cubrir todos los gastos fijos (renta, luz, agua, internet), es un buen negocio.
   - ¿Te da 15 o menos? Excelente.
   - ¿Te da más de 15? Mala idea. No te metas, no valdrá la pena el esfuerzo.

La lógica es simple: los primeros 15 días cubren costos, los siguientes 15 te dan ganancia. Si necesitas todo el mes para no perder dinero, no es rentable.

Recomendaciones prácticas para empezar con el pie derecho:

- **Pide acceso a la propiedad al menos 15 días antes de la fecha de inicio del contrato**: ese tiempo es clave para decorar, montar, hacer fotos y dejar todo listo antes de que empieces a pagar la renta.
- **Negocia que el dueño te exima del depósito**: puedes argumentar que él tendrá acceso periódico a la propiedad y que tú eres una empresa, no un inquilino común. Ese dinero te va a ser muy útil en la inversión de la decoración.
- **Pon todos los servicios a nombre de tu empresa**: si no dependes del dueño para resolver problemas con la electricidad, el agua o el internet. Tú tienes el control.
- **No empieces a título personal**: crea una empresa (LLC, S- Corp, si estás en los Estados Unidos). Vas a cobrar a nombre de la empresa, vas a deducir gastos, vas a declarar ingresos correctamente. Airbnb te ve con mejores ojos, los dueños también y tendrás más beneficios fiscales al declarar tus ingresos al final del año.

El subarrendamiento no es un truco milagroso, pero sí puede ser una catapulta si lo abordas con seriedad, estrategia y visión a largo plazo. No necesitas ser propietario ni tener grandes sumas de dinero para comenzar. Lo que sí hace falta es transparencia, preparación y el compromiso de hacer las cosas bien desde el principio. Este modelo implica responsabilidad, pero ofrece control, buenos márgenes de ganancia y la oportunidad real de construir un negocio rentable sin poseer ningún inmueble. Si te presentas como profesional, educas al dueño, haces tus números con inteligencia y ejecutas con excelencia, el *sublease* puede convertirse en tu mejor punto de partida en el mundo de la hospitalidad moderna. Como siempre digo: no basta con tener una buena idea, lo que transforma tu vida es ponerla en acción con enfoque y determinación.

Invertir en tu propia propiedad: el paso más sólido

Después de gestionar propiedades de otros y probar el subarrendamiento, hay un modelo que muchos anfitriones sueñan con alcanzar: ser dueños de su propia propiedad en Airbnb. No es el camino más fácil ni el más barato, pero sí el que te da mayor control, estabilidad y crecimiento patrimonial a largo plazo. Aquí ya no dependes de terceros ni pides permisos: tú tomas las decisiones. Pero ojo: para que esta inversión sea rentable, hay que hacerlo con estrategia, con datos y con visión de futuro. En esta sección te voy a mostrar cómo dar ese paso con inteligencia, minimizando riesgos y maximizando resultados.

Este es el modelo más tradicional, pero también uno de los más rentables si se hace bien. Comprar una propiedad y convertirla en un Airbnb te permite tener control total del proceso. Desde el diseño del espacio hasta las finanzas. Además, accedes a beneficios fiscales como la depreciación acelerada y tienes la posibilidad de refinanciar si el valor del inmueble aumenta.

Pero antes de comprar, tienes que investigar. Asegúrate de que las regulaciones locales permiten el alquiler a corto plazo. Yo uso la misma Airbnb para validar eso: si hay muchos anuncios activos en esa ciudad, es buena señal. Mi esposa Yoly, que es agente de bienes raíces en La Florida, es el ejemplo real de cómo trabajar con un profesional con experiencia en este sector puede marcar una gran diferencia en la inversión y los ingresos de una propiedad para Airbnb. En su carrera ha ayudado a muchos de nuestros estudiantes a invertir en propiedades que generan de 3000 a $10 000 en ingresos netos a través de las rentas a corto plazo.

Una herramienta que recomiendo siempre es AirDNA. Allí puedes analizar datos como la demanda de alquiler, el ingreso promedio por noche, el crecimiento del mercado y otros indicadores clave.

Con eso puedes elegir una propiedad que te guste y que sea rentable.

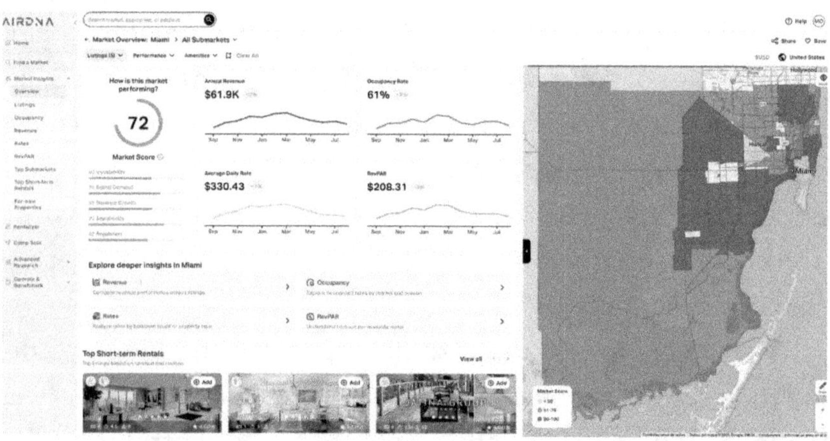

Plataforma de Análisis de Mercado para Airbnb.
Fuente: https://es.airbnb.com/

De todas las formas de entrar al Mundo del Airbnb, comprar tu propia propiedad es, sin duda, la que te ofrece mayor estabilidad, control y beneficios a largo plazo. Sí, es la que exige más inversión inicial, pero también es la que te coloca en una posición estratégica para construir un patrimonio real y escalar con apalancamiento.

Primer paso: verifica la legalidad

Antes de lanzarte a comprar, asegúrate de que el área donde vas a invertir permite la renta a corto plazo. Puedes hacerlo de varias formas:

1. Consulta con un *realtor* especializado en Airbnb, por ejemplo mi esposa Yoly se dedica a esto todos los días: ayudar a futuros anfitriones a encontrar propiedades viables para el negocio.
2. Haz una búsqueda en Google con términos como «regulaciones de *short-term rental* en (nombre de la ciudad)».
3. Dirígete al ayuntamiento local y solicita información oficial sobre licencias.
4. Un truco práctico: intenta publicar un anuncio en Airbnb con la dirección de la propiedad que te interesa. Si hay restricciones, la plataforma te lo notificará.

¿Qué tipo de propiedad te conviene?

Esto depende de tu estilo como inversionista, tu capital inicial y tu visión de negocio. Las más comunes son:

- **Casas unifamiliares - *Single Family Homes***: ideales para quienes buscan mayor control, privacidad y *ticket* promedio alto. Puedes añadir amenidades que eleven el valor de cada estancia: *home office*, gimnasio, *jacuzzi*, zona BBQ, decoración temática, etc.
- **Multifamiliares**: varias unidades bajo un mismo techo. Mayor rotación, más trabajo operativo, pero también ingresos diversificados. Perfecto si ya tienes experiencia en gestión.
- **Ubicación estratégica**: no te limites a zonas ultraturísticas como el *downtown* o los parques de Dis-

ney. Muchas veces, un buen producto en una zona menos saturada tiene mejor desempeño. Piensa en zonas con hospitales, estadios, centros de convenciones o universidades.

Criterios clave para tomar decisiones

Una vez definida la zona y el tipo de propiedad, toca evaluar el potencial real del negocio:

- **ROI - *Return on Investment***: retorno general sobre la inversión.
- ***Cash-on-Cash***: cuánto flujo genera en proporción al efectivo invertido.
- **Apreciación proyectada**: cómo aumenta el valor de la propiedad a lo largo del tiempo.
- **Facilidad de operación:** acceso, mantenimiento, logística.

Aquí entran en juego herramientas como AirDNA. Esta plataforma te permite analizar un mercado en profundidad. ¿Qué mirar?

1. ***Market Grade***: puntuación global del mercado (sobre 100). Ideal si está por encima de 60.
2. ***Investability***: nivel de retorno que están obteniendo otros anfitriones en esa zona.
3. ***Rental Demand*:** cuánta gente busca alojamiento ahí.
4. ***Revenue Growth***: cuánto han crecido los ingresos año a año.
5. ***Seasonality***: cuánto varía la ocupación entre temporada alta y baja. Evita zonas que solo funcionan 3 meses al año.
6. **Regulaciones**: qué tan estrictas son y qué permisos necesitas.

7. **Crecimiento *de listings***: si el número de anuncios en Airbnb está subiendo, es una buena señal.

Luego, haz un análisis comparativo de mercado: revisa propiedades similares a la tuya en la misma plataforma de Airbnb. Evalúa:

- Precio promedio por noche.
- Ocupación promedio.
- Ingresos anuales proyectados.
- Tipo de huésped objetivo y nivel de competencia.

Beneficios reales como propietario:
Invertir en bienes raíces no solo genera ingresos mensuales. También te da acceso a beneficios financieros y fiscales muy potentes:

- ***Cash flow* mensual**: ingresos estables y crecientes.
- **Apreciación del inmueble**: si compras a 500 000 y el valor sube a 600 000 en 3 años, puedes refinanciar y sacar la mayor parte de esa diferencia como capital para otra propiedad.
- **Apalancamiento**: usar el valor de una propiedad para financiar otra.
- **Depreciación acelerada - *Cost Segregation***: estrategia contable que reduce tus impuestos, permitiéndote declarar toda la depreciación de una propiedad de 30 años en un solo año fiscal.

Ejemplo real: un estudiante nuestro refinanció su casa tras dos años y compró otra sin necesidad de nuevo préstamo inicial. Así empezó su portafolio.

Invertir en tu propia propiedad no es para todos, pero si tienes capital, visión y paciencia, es el camino más poderoso para escalar en el ecosistema Airbnb. Es más lento al inicio, sí.

Pero una vez que arranca, puede cambiarte la vida. Y créeme, lo digo por experiencia.

Comparativa de modelos: elige el que se alinee con tu momento

No todos empiezan desde el mismo lugar ni con los mismos recursos. Por eso, antes de lanzarte, es clave entender las ventajas y desventajas de cada modelo. En este cuadro te muestro una comparativa sencilla entre las tres formas más comunes de emprender en Airbnb: el *co-hosting*, el subarrendamiento y la inversión en propiedades propias. Cada uno tiene su lógica, su ritmo y sus desafíos. Lo importante es que elijas el que mejor se adapte a tu realidad actual y a tu visión de futuro.

Modelo	Ventajas	Desventajas
***Co-hosting* (Gestión de propiedades de otros)**	- No requiere inversión económica inicial. - Escalable: puedes manejar múltiples propiedades sin límite. - Ganas reputación en la plataforma (perfil propio). - Oportunidad de empezar sin experiencia previa. - Acceso al ecosistema Airbnb sin ser propietario. - Riesgo financiero mínimo.	- Dependes de la relación con los dueños. - Necesitas habilidades operativas y de comunicación. - Si el dueño cancela reservas o comete errores, puede afectar tu perfil. - Ganancia limitada al % acordado (10-30 %).

Modelo	Ventajas	Desventajas
Subarrendamiento (*Rental Arbitrage*)	- Puedes operar propiedades sin comprarlas. - Potencial de ingresos más alto que el *co-hosting*. - Control total de las decisiones operativas. - Rentabilidad posible en 4-6 meses. - No necesitas licencia especial.	- Requiere capital inicial (renta, depósito, decoración). - Necesitas autorización escrita del dueño. - Riesgo si se rompe el contrato. - Gastos operativos a tu cargo. - Puede haber trabas legales o vecinales.
Inversión en propiedad propia	- Máximo control y estabilidad. - Ingreso mensual directo. - Apreciación del inmueble. - Posibilidad de apalancamiento y refinanciamiento. - Depreciación fiscal (*cost segregation*). - Generas patrimonio. - Puedes personalizar al 100 % el producto.	- Alta inversión inicial. - Riesgo de mercado e inmovilización del capital. - Requiere conocer bien la zona y sus regulaciones. - Menor liquidez. - Tiempos más largos para recuperar la inversión inicial.

¿Y ahora qué?

Una vez que tengas claro cuál es tu modelo ideal, el siguiente paso es accionar con intención. No te paralices esperando el momento perfecto. A veces se empieza gestionando la propiedad de un amigo. Otras, alquilando una unidad pequeña con permiso. Y si ya tienes capital, quizás sea momento de invertir en algo propio. Recuerda que acá lo importante es hacia dónde estás dispuesto a moverte. Airbnb puede convertirse en el vehículo que te lleve a una vida con más libertad, ingresos y propósito.

Ofrecer experiencias y servicios: cuando tu talento es tu activo

No todo en Airbnb se trata de tener una casa. Hay otra forma poderosa de entrar al negocio, incluso si no tienes una propiedad: ofreciendo experiencias o servicios únicos a viajeros que buscan algo más que un lugar donde dormir.

Lo mejor es que no necesitas una propiedad. Solo creatividad y pasión por compartir. Yo ofrecía almuerzos cubanos con *storytelling* para turistas. En La Habana, conocí a una señora que enseñaba a hacer croquetas y llegó a facturar hasta $500 en un día, en breve te cuento sobre esto.

Sí, tú puedes ser anfitrión sin tener techo propio. Si tienes una habilidad, una historia que contar o conoces tu ciudad como la palma de tu mano, aquí tienes una oportunidad real de generar ingresos. puedes ofrecer actividades: clases de cocina, clases de baile, *tours*, sesiones de fotos, caminatas guiadas. Por eso Airbnb es uno de los modelos más accesibles y creativos del sector turístico.

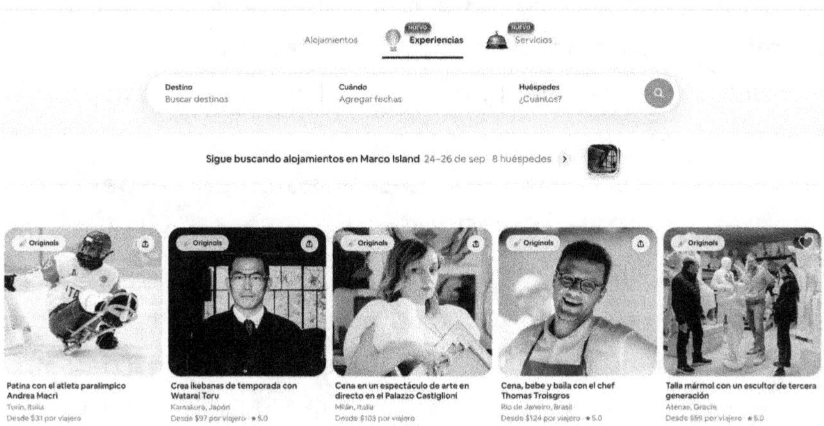

Experiencias en Airbnb.

¿Qué se entiende por «experiencia»?

Una *experiencia* en Airbnb es una actividad diseñada y guiada por ti. Puede ser:

- Un *tour* gastronómico por los mejores rincones locales.
- Una clase de cocina típica o repostería casera.
- Una caminata fotográfica por murales escondidos.
- Una ruta en bicicleta por la historia de tu ciudad.
- Un taller de cerámica, baile, pintura, yoga o *mindfulness*.

Hay anfitriones que comparten su estilo de vida: pasean perros, enseñan a hacer café, revelan secretos del barrio, o cuentan anécdotas de migración con mate en mano. Airbnb valora lo auténtico, no lo perfecto.

Casos reales de éxito en experiencias

Una de las cosas más poderosas de Airbnb es que convierte talentos sencillos en negocios rentables. No necesitas una mansión ni una empresa grande. Solo una buena idea, autenticidad y ganas de compartir algo con valor.

Ejemplo 1: La abuelita de las croquetas

En mis primeros años en Cuba, fui testigo de cómo algo tan simple como enseñar a hacer croquetas cubanas podía transformarse en una auténtica mina de oro. Una señora en Centro Habana convirtió esa idea en una experiencia para turistas. Cobraba 30 dólares por persona. Hasta ahí, parecía algo simple, íntimo. Pero detrás de ella, había alguien con visión empresarial. Organizó tres sesiones diarias para grupos de 5 personas cada una. ¿El resultado? ¡Casi de $500 al día, sin contar las generosas propinas! Buses de turistas esperaban afuera. La casa parecía humilde, pero el modelo era brillante. Lo que parecía «nada del otro mundo» terminó siendo un negocio con alma que generaba ingresos reales, con un producto simple, local y honesto.

Ejemplo 2: *Talking & Cooking with Cuban Entrepreneurs*

Otra experiencia que hicimos fue con un amigo chef en La Habana. Se llamaba *Talking and Cooking with Cuban Entrepreneurs*. Ofrecíamos un almuerzo tradicional (con gris, carne de cerdo, yuca), mientras yo compartía con los turistas historias de Cuba, de cómo vivíamos el emprendimiento, la historia política y cultural del país. Cobramos 50 dólares por persona y algunos días llegamos a tener 10 comensales. Era un ingreso de $500 por sesión, solo por cocinar, conversar y compartir nuestra verdad. Eso me enseñó que no hay experiencia tonta. Lo importante es el enfoque, la narrativa y la pasión con la que lo hagas. Una idea pequeña puede viralizarse como un video en Instagram.

Ofrecer servicios en Airbnb: un modelo con futuro

Desde hace pocos meses, Airbnb lanzó una nueva línea dentro de su plataforma: la posibilidad de ofrecer servicios profesionales a viajeros y anfitriones, sin necesidad de alquilar una propiedad ni organizar experiencias narrativas. Esto abre la puerta a personas con talentos específicos que desean monetizar desde el día uno, sin inversión inmobiliaria.

Puedes publicar servicios como chef privado, maquillaje, entrenamiento personal, masajes, limpieza o fotografía profesional. Tú eliges el precio, manejas la agenda y Airbnb solo cobra una comisión del 15 % por uso de la plataforma.

Si eres de los primeros en tu ciudad en ofrecer cierto servicio, tienes una ventaja competitiva enorme. Como en todo mercado digital, quien llega primero gana visibilidad, reseñas y liderazgo. Airbnb ya te da lo más difícil: una plataforma confiable con miles de usuarios activos. Ahora te toca a ti subir tu servicio, diferenciarte y entregar calidad.

Categorías disponibles hasta ahora (este libro ha sido escrito en 2025):

- Fotografía profesional.
- Chef privado, Catering, Comida preparada.
- Masajes y tratamientos de *spa*.
- Entrenamiento físico (*fitness*, yoga, HIIT).
- Maquillaje y peluquería.
- Estética personal (uñas, *skin care*, etc.).

Airbnb ha confirmado que seguirán expandiendo estas categorías. Eso significa más espacio para posicionarte temprano y construir una base sólida de clientes desde el principio.

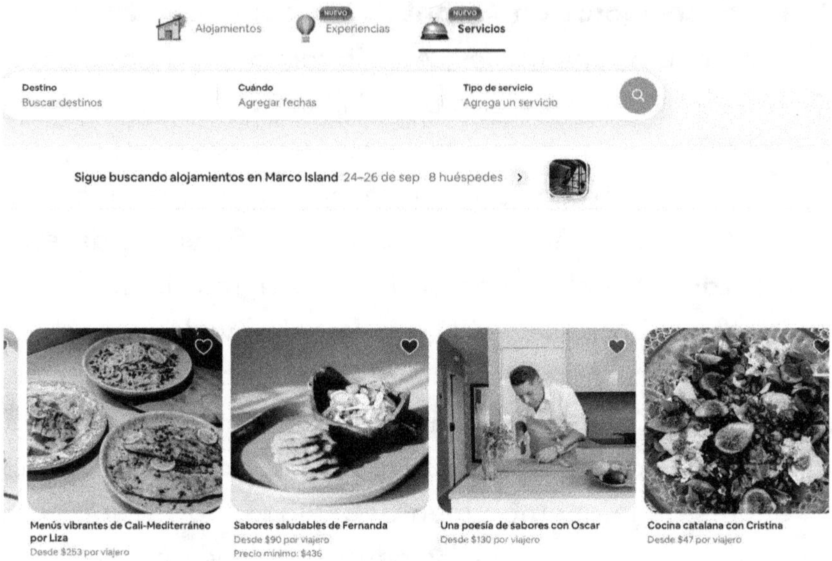

Servicios en Airbnb.

> *«Si eres el único que ofrece peluquería en Airbnb en tu ciudad, estás a un clic de ser el preferido de todos los viajeros que llegan. Airbnb ya hizo el trabajo duro: te da una vitrina confiable, y tú solo tienes que atreverte a mostrar lo que sabes hacer de manera espontánea y creativa».*

Requisitos para comenzar

- Tener una cuenta verificada en Airbnb.
- Cumplir con las normativas locales (licencias, si aplica).
- Crear una propuesta clara, auténtica y bien presentada.
- Subir fotos reales y de buena calidad.
- Cuidar cada detalle de la experiencia: seguridad, comunicación y responsabilidad.

Airbnb revisa cada publicación antes de aprobarla. Tu actividad debe ser coherente, segura, bien estructurada y significativa para el viajero.

Ventajas de este modelo

Ventajas	Detalles
No necesitas propiedad	Puedes empezar con tu talento, tiempo y energía.
Alta rentabilidad	Algunas experiencias bien valoradas generan ingresos constantes con baja inversión.
Bajo costo de inicio	Solo necesitas promocionarte y preparar la actividad.
Gran potencial de diferenciación	Tu historia personal, tu barrio, tu estilo de vida: todo eso es parte de tu propuesta.
Flexibilidad total	Tú decides fechas, horarios, capacidad y precios.

No hay excusas. Si sabes preparar un buen café cubano, si te gusta pasear con tu perrito, o si tu abuela te enseñó a hacer empanadas, tienes algo que Airbnb puede mostrar al mundo. He visto estudiantes pasar de limpiar casas a enseñar cocina y ganar más. La diferencia está en atreverse a ofrecer lo que uno ya tiene: conocimiento, cultura, cercanía.

En nuestra academia, ya hay personas generando ingresos reales con este modelo: fotógrafos, entrenadores, masajistas y más. Algunos empezaron con una sola habilidad, y hoy ofrecen paquetes completos. A lo largo del libro, conocerás varias de estas historias que confirman algo muy claro: este camino ya no es teoría, es una realidad. Y si ya funciona para otros, también puede funcionar para ti.

Casos reales: cuando la estrategia se convierte en transformación

En la Otero Academy no nos enfocamos en discursos motivacionales vacíos. Nos enfocamos en resultados tangibles. Porque Airbnb no es solo una plataforma; es una puerta que puede cambiar la vida de una persona. No importa si tienes millones en el banco o si solo cuentas con fe, talento y un cuarto vacío. Aquí te compartimos historias reales de personas que usaron el conocimiento como vehículo de libertad:

Graduación Otero Academy 2024.

Lisandra: libertad financiera desde casa

Lisandra, mamá de dos niños pequeños, no podía trabajar fuera del hogar porque su esposo —dentista— tenía jornadas extensas. Decidieron invertir en una propiedad para Airbnb y ella se formó con nosotros.

Con nuestra mentoría, Lisandra lanzó su primera propiedad, generando entre 10 000 y $12 000 mensuales. Poco después compró una segunda aún más lujosa. Hoy administra ambas y genera entre 20 000 y $26 000 al mes, sin salir de casa.

Betsy: más tiempo para vivir

Betsy, enfermera divorciada, solo descansaba lunes y martes. Su sueño era dejar de trabajar los fines de semana para tener más tiempo con sus hijos. Tenía una propiedad heredada y decidió lanzarla como Airbnb.

Con apoyo, decoró y gestionó su primer anuncio. En el primer mes ganó $5000 y luego entre 7000 y $10 000 mensuales. Hoy disfruta los fines de semana libres sin renunciar a la estabilidad económica.

Sullima: de inmigrante sin papeles a empresaria exitosa

Sullima llegó de Cuba sin papeles ni permiso de trabajo. Invirtió lo poco que tenía en nuestra mentoría, apostando por el subarrendamiento. Después de cientos de «no», logró su primer «sí»: una casa en Westchester, Miami.

Vivía en el pequeño estudio de la propiedad y alquilaba el resto por Airbnb. Pese a múltiples obstáculos y permisos difíciles, logró generar entre 5000 y $7000 al mes.

Hoy, Sullima:

- Maneja cuatro propiedades como subarrendadora.
- Fundó una compañía de limpieza con más de 40 clientes, incluyendo las propiedades de otros estudiantes y las nuestras.
- Genera cerca de $20 000 mensuales, aún sin haber comprado su primera propiedad (aunque eso ya está por suceder).

Claudia: del cubículo al emprendimiento real

Claudia recién se había graduado y trabajaba en un empleo corporativo que la hacía sentir estancada. No tenía dinero para nuestra mentoría completa, pero decidió pagarla en dos cuotas. Su primera propiedad fue un *efficiency* de $1100 mensuales.

Decoró el lugar con dedicación y amor al detalle. Superó obstáculos técnicos y reparaciones, y hoy gana entre 1000 y $2000 al mes con esa pequeña unidad, cubriendo costos en solo 10 días al mes.

Adele: cuando la jubilación es solo otra etapa para reinventarse

Adele, una señora de 75 años, no quería quedarse en casa esperando el tiempo pasar. Ingresó a nuestra academia luego de experiencias frustrantes con otros programas.

Aprender le costó, sobre todo con la tecnología, pero nunca se rindió. Empezó con una propiedad en gestión y hoy tiene tres unidades bajo su supervisión, generando entre 5000 y $7000 mensuales.

Jorge y Rose: de ingenieros a empresarios de hospitalidad

Jorge y Rose son ingenieros informáticos cubanos radicados en la Florida. Compraron un *duplex* con la intención de rentarlo a largo plazo, pero tras múltiples frustraciones —inquilinos morosos, daños a la propiedad y problemas de mantenimiento—, decidieron dar un giro y apostar por Airbnb.

Se unieron a la academia y lanzaron sus propiedades en la plataforma. La respuesta fue inmediata: ambas unidades se llenaron con regularidad y empezaron a generar ingresos constantes.

Con ese impulso, crearon su propia compañía de limpieza, y más adelante, una empresa de gestión de propiedades. Hoy:

- Administran 8 propiedades ajenas.
- Mantienen 2 propiedades propias.
- Conservan sus empleos como informáticos.
- Están construyendo un portafolio diversificado y escalable.

¿Ves lo poderoso de estos modelos? Cada historia es distinta, pero comparten algo esencial: una decisión, una acción y una guía correcta. Desde madres, inmigrantes y recién graduadas hasta mujeres jubiladas. Todos encontraron un modelo que se adaptaba a su realidad y lo escalaron con resultados.

¿Quieres ver los testimonios reales?

Todos estos testimonios —incluyendo los de Adele, Lisandra, Sullima, Jorge y Rose— están disponibles en vídeo en nuestra web (oteroacademy.com) Escanea el siguiente código QR y conoce sus rostros, sus historias y sus resultados reales.

De la lectura a la acción: ¿cuál será tu primer paso?

Si algo queda claro después de este capítulo es que no existe una sola forma de empezar en el mundo del Airbnb. Hay caminos para todos: con o sin capital, con o sin experiencia, con o sin propiedad. Lo determinante no es el punto de partida, sino la mentalidad con la que te lanzas.

Has conocido a Lisandra, que construyó un imperio desde casa con sus hijos al lado. A Sullima que se saltó los trabajos duros de inmigrante para fundar su empresa de limpieza y vivir con dignidad. A Jorge y Rose, que usaron sus habilidades digitales para escalar. Y a Adele, que a sus 75 años reinventó su vida cuando todos esperaban que se jubilara.

La pregunta que ahora te toca responder es esta:

¿Cuál es tu modelo? ¿Qué historia quieres contar tú dentro de un año?

____

____

____

____

____

____

Modelo de negocio	¿Requiere inversión inicial?	¿Necesitas ser dueño de una propiedad?	Nivel de riesgo	Tiempo para generar ingresos	Ideal para ti si...
Co-Hosting **(Gestión de propiedades de otros)**	X	X	Bajo	Rápido (1-2 meses)	Tienes habilidades de organización, comunicación y servicio. Estás empezando sin capital.
Subarrendamiento (*Rental Arbitrage*)	✓ Moderado	X No	Medio	Medio (3-6 meses)	Tienes algo de ahorro para decorar y rentar, pero no puedes comprar aún. Buscas escalar sin endeudarte.
Inversión en propiedad propia	✓ Alto	✓ Sí	Alto	Más lento (6-12 meses)	Tienes capital, visión a largo plazo y deseas construir patrimonio.

De la lectura a la acción: activa tu plan Airbnb

Este negocio premia a los que se atreven, a los que toman decisiones con lo que tienen hoy, no con lo que sueñan tener mañana. No necesitas tenerlo todo resuelto para empezar, pero sí necesitas claridad. Por eso, te invito a frenar un momento y hacerte estas preguntas clave. Es momento de aplicar lo que aprendiste. Haz un inventario honesto de tu situación:

1. **¿Tienes capital para invertir?**

____

____

____

____

2. **¿Tienes tiempo para administrar una propiedad?**

____

____

____

____

3. **¿Conoces a alguien que podría necesitar ayuda para alquilar su casa?**

____

____

____

____

4. ¿Tienes una habilidad o experiencia que podrías ofrecer?

____

____

____

____

Convertir todo lo aprendido en acción es lo que separa la intención del cambio real. Da ese primer paso, a tu manera, en tu tiempo, pero hazlo.

Como has visto, en Airbnb no existe un único camino para generar ingresos. Ya sea invirtiendo en una propiedad propia, gestionando espacios ajenos, subarrendando con acuerdos inteligentes o creando experiencias memorables, lo importante es encontrar el modelo que se alinee con tu realidad y tus fortalezas. Cada opción tiene sus ventajas, desafíos y secretos que se dominan con práctica, análisis y pasión. Lo esencial es que ya conoces las reglas del juego y puedes decidir por dónde empezar.

En el próximo capítulo nos meteremos de lleno en uno de los factores más poderosos —y a menudo subestimados— del éxito en Airbnb: la visualidad. Te mostraré cómo transformamos propiedades comunes en verdaderas máquinas de generar ingresos aplicando principios de diseño, *staging*, fotografía y *marketing* emocional. Prepárate, porque vamos a compartirte estrategias y detalles visuales que, bien ejecutados, pueden marcar la diferencia entre pasar desapercibido o destacar en grande desde tu primer anuncio.

CAPÍTULO IV

La visualidad vende en Airbnb

El diseño no es solo cómo se ve o cómo se siente.
El diseño es cómo funciona.
Brian Chesky, cofundador y CEO de Airbnb

Desde mis primeros pasos en este negocio entendí algo fundamental: Airbnb es un negocio visual. No importa si tu propiedad es grande o pequeña, ni si está ubicada en el centro o en las afueras; si no logra cautivar por su apariencia desde el primer instante, estás fuera del juego. Hoy más que nunca, el huésped no busca solo un techo donde dormir: anhela una experiencia, una emoción que lo invite a reservar ese espacio donde ya se imagina viviendo algo especial.

Este capítulo no trata solo de muebles o decoración, también trata de estrategia y visión: de comprender que el diseño, lejos de ser un lujo superficial, es una poderosa herramienta comercial que te ayudará a tener más ingresos y reservas. Aquí voy a compartirte lo que he aprendido junto a mi equipo a lo largo de los años: desde cómo construir una paleta de colores coherente hasta cómo lograr ese efecto «WOW» cuando se abre la puerta. Porque lo que emociona, conecta; y lo que conecta, convierte miradas en reservas.

No te preocupes si careces de experiencia o de un gran presupuesto: yo también comencé resolviendo con lo que tenía a mano. Lo esencial es comprender qué funciona y ejecutarlo con intención, propósito y sentido estético. Si consigues que alguien se visualice dentro de tu propiedad, ya tienes la mitad de la batalla ganada; el resto será afinar la experiencia. Ahora sí, entremos en materia.

Diseñar para enamorar

Cuando empecé en este mundo, no tenía presupuesto, no tenía experiencia, y mucho menos una diseñadora de interiores al lado. Aun así, entendí algo clave: si quería destacar en Airbnb, tenía que hacer que mi propiedad enamorara a primera vista. Esa es la esencia de este negocio. La visualidad vende. Una de las claves está en entender que la gente siempre reserva por la emoción que le transmite el área exterior. Cuando alguien ve una piscina iluminada, una terraza acogedora o una sala que invita al descanso, se visualiza, y eso es lo que de verdad vende la experiencia en Airbnb. La gente reserva por la emoción que le transmite la propiedad.

Antes bastaba con lanzar cualquier propiedad al mercado y ya tenías reservas. Hoy eso cambió. Airbnb se ha profesionalizado y es un mercado donde la competencia es feroz. El que quiera competir tiene que pensar como empresario no como improvisado. Eso empieza por la decoración, y aquí es donde muchas personas se equivocan. Diseñar una propiedad para vivir no es lo mismo que diseñarla para alquilar. Tu casa puede estar llena de recuerdos, de adornos que amas o de colores que te hacen sentir en casa, pero en Airbnb diseñas para otros. Diseñas un producto, y como todo producto tiene que ser funcional, atractivo y pensado para un público específico.

Por eso, lo primero es definir un presupuesto inteligente, para eso uso una fórmula sencilla que me ha dado resultados en cientos de propiedades: la regla del 40/40/10/10. El 40 % del presupuesto lo destino a la sala y habitaciones, otro 40 % al área exterior (sobre todo si hay piscina o *jacuzzi*), 10 % al baño y 10 % a la cocina. Te explico por qué: la gente no reserva un Airbnb por cómo se ve el baño, lo reserva por cómo se siente la experiencia, y esa experiencia suele empezar en la terraza, en la piscina o en un cuarto que diga «quiero estar ahí».

Ahora bien, dentro de ese presupuesto hay que saber qué evitar. Uno de los errores más comunes es decorar como si fuera la casa de la abuela: llena de tapetes, estatuillas, cortinas pesadas o muebles antiguos. Eso, en Airbnb, no funciona. Otro error es irse al otro extremo: propiedades frías, sin alma, sin un toque de calidez. Ni lo uno ni lo otro. Airbnb no es un museo ni una tienda de muebles; es un lugar para crear recuerdos. Por eso, tiene que sentirse como un hogar, pero sin perder ese toque inspirador que invita a vivir algo especial.

Ejemplo de Airbnb diseñado por nuestro equipo.

Para lograrlo uno de los secretos está en saber manejar con intención la paleta de colores. Al diseñar una propiedad, es fundamental definir dos tonos base y complementarlos con dos o tres colores de acento, manteniéndose fiel a esa selección en cada rincón del espacio. De lo contrario, el ambiente se percibe caótico, como si hubiera sido decorado con sobrantes o resuelto a parches, sin un criterio claro. Esto lejos de transmitir profesionalismo, genera desconfianza, es un error común: hoy muchos se asumen diseñadores o fotógrafos, pero sin visión estética ni coherencia, los resultados rara vez llegan.

Por ejemplo, casi siempre las paredes y el piso van a ser los colores base. Si el piso es *beige* y las paredes son blancas, ya tienes tu base. Encima de eso, puedes agregar acentos con dorado, azul, cuero (que a mí me gusta mucho), y otras texturas. ¿Qué no se ve bien? Que tengas el tirador de la puerta dorado, las lámparas con tubo plateado, estructuras de madera clara mezcladas con madera oscura, o bronce con plata en la misma habitación. Tampoco queda bien tener bombillos de luz blanca en las lámparas de noche y luz amarilla en el techo. Aunque parezcan detalles pequeños, todos estos elementos afectan la percepción general y hacen que tu propiedad luzca desordenada. Un diseño profesional se siente, aunque no sepas explicarlo.

También recomiendo pintar todas las paredes y techos de blanco, con pintura lavable. En Estados Unidos, la marca Sherwin-Williams es excelente: cara, sí, pero te permite mantener las paredes limpias sin tener que repintar todo cada mes: con una esponjita o cepillo vuelve a su estado original.

Otro punto clave es pensar en qué tipo de huésped quieres atraer. Yo siempre recomiendo trabajar para familias y parejas. Son segmentos que cuidan más la propiedad, generan menos problemas y suelen valorar más los detalles. A diferencia de grupos de jóvenes o celebraciones tipo *Bachelor Party*, que pueden volverse un caos, las familias buscan tranquilidad.

Si vas a recibir familias, entonces diseña pensando en ellas. ¿Qué puede necesitar una familia? Cuna, silla alta para darle de comer a un bebé, cuarto de juegos, libros para niños, platos infantiles, un parque infantil al aire libre, bicicletas pequeñas, monitor de bebé, seguros para ventanas. Todo eso lo puedes agregar según tu presupuesto. Eso habla de ti sin decir una palabra.

Y, por último, si de verdad quieres destacar, considera la posibilidad de darle un tema a tu propiedad. Nuestra experiencia nos ha demostrado que los espacios con alma, con un toque divertido o una identidad definida, generan mejores resultados que los genéricos. Una casa decorada con temática de Barbie, por ejemplo, puede fascinar a adolescentes o mujeres jóvenes, pero quizás incomodar a una pareja. Lo mismo ocurre con nuestra propiedad de Batman: con una enorme imagen del Joker en la pared, no todo el mundo se siente a gusto. Sin embargo, lo que logras es volverte imposible de ignorar, y eso es una ventaja poderosa en Airbnb, donde el algoritmo premia los anuncios que reciben más clics. Aunque sea por curiosidad —incluso por crítica—, cada visita mejora tu posicionamiento. Eso sí, tematizar no significa caer en lo estrafalario: hay que tener criterio. Hoy trabajo codo a codo con una diseñadora, a quien le comparto mis ideas, mis colores y mi visión general. Juntos construimos ese ida y vuelta creativo hasta dar con un diseño que posea identidad y enamore.

Si cuentas con el presupuesto, puedes contratar a un profesional que te ayude a materializar tu visión. Si no, siempre está la opción de inspirarte en plataformas como Pinterest y construir el diseño por tu cuenta. En ambos casos, lo fundamental es mantener una coherencia visual. Una propiedad decorada con elementos desarticulados, como si hubieran sido reunidos al azar, transmite improvisación; en cambio, un espacio pensado con intención se percibe, se valora y se reserva con mayor facilidad.

La clave está en crear algo memorable, sin caer en la exageración ni excluir a posibles huéspedes. Insisto que lo esencial es volverte imposible de ignorar: si tu anuncio llama la atención —incluso por simple curiosidad o controversia—, el algoritmo lo impulsará. Esa visibilidad, bien gestionada, se traduce en más reservas.

Diseñar para Airbnb no se trata solo de embellecer un lugar. Se trata de construir una experiencia visual que seduzca, que cuente una historia, que invite a quedarse. Porque en este negocio, diseñar es vender... sin decir una palabra.

***Staging:* prepara la escena**

Si diseñar es contar una historia, el *staging* es montar el escenario para que esa historia cobre vida. No basta con tener una casa bonita: hay que saber presentarla. Eso es, en esencia, el *staging*. Muchos creen que consiste solo en tender la cama o colocar algunos cojines, pero va mucho más allá. Se trata de provocar una primera impresión poderosa, de generar un impacto visual inmediato que atrape. En Airbnb, eso puede marcar la diferencia entre recibir una reserva o quedar relegado tras un simple deslizamiento de pantalla.

El *staging* comienza en los detalles. Por ejemplo: nada de cables colgando, toallas mal dobladas, objetos personales fuera de lugar o desorden visual. Cada rincón debe transmitir armonía, invitar al descanso, a la celebración o al disfrute. Y eso no se logra sin una ambientación intencionada, cuidada hasta en los matices más sutiles.

Ejemplo de *staging* sala.

Ejemplo de *staging* habitación.

Hay recursos que empleamos con frecuencia en el *staging* porque dotan a las imágenes de calidez, vida y cercanía: frutas frescas, una bandeja con copas, una manta dispuesta con gracia, un ramo de flores naturales. En ciertas propiedades incluso incluimos personas o mascotas en las fotos, con el fin de generar una conexión emocional más genuina. El efecto es inmediato: la propiedad deja de parecer una vitrina impersonal y se convierte en una experiencia deseable.

Un *staging* bien ejecutado debe ser coherente con la identidad del espacio. Si tu propiedad tiene un concepto definido, cada ambiente debe reforzarlo con sutileza y continuidad. Si apuestas por un estilo moderno, evita sobrecargarlo con elementos rústicos. Si el lugar tiene alma tropical, no lo enfríes con muebles grises ni iluminación blanca de hospital. La coherencia visual inspira confianza, y la confianza —en este negocio— se traduce en reservas. En definitiva, el *staging* es ese gesto final que transforma una casa en escenario de vacaciones. Es atender cada detalle como si estuvieras por recibir a alguien especial. Porque en Airbnb, cada huésped puede convertirse en tu mejor promotor, o en tu peor crítico. Y lo que vea al cruzar la puerta puede cambiarlo todo.

Fotos que venden (o espantan)

Puedes tener el Airbnb más bonito del mundo, pero si las fotos no lo transmiten, nadie va a reservar. La fotografía es tu escaparate, tu carta de presentación y, muchas veces, tu primer y único disparo. Uno de los errores más comunes que veo en nuevos anfitriones es subestimar este punto. Creen que con el celular es suficiente. Que da igual si el día está nublado o si hay una sombra en la esquina, pero no. Las fotos tienen que ser profesionales, y eso significa: buena luz, buena composición y buen *staging*.

Primera regla: nunca tomes fotos en un día gris o lluvioso. La luz natural es tu mejor aliada. Segundo: piensa en los ángulos amplios. Queremos mostrar espacio, no encierro. Tercero:

prepara la escena como si fueras a recibir a tu madre con suegra incluida. Flores, cojines, detalles bien puestos. Y aquí entra otro concepto vital: la foto reina. Esa es la primera imagen que verá cualquier persona al buscar tu propiedad. Si tienes piscina, lo más probable es que sea la piscina. Pero tiene que ser tu mejor toma. Esa que hace que alguien diga: «¡*Wow*! ¿Dónde está esto?». Esa es la que genera el clic. Y sin clic, no hay reserva.

Las siguientes cuatro fotos también importan mucho: en computadora se ven cinco, por eso recomiendo que esas primeras cinco muestren diferentes espacios de la propiedad: la sala, una habitación atractiva, el área exterior, y una zona que represente valor extra, como un espacio de trabajo o una decoración con personalidad. Luego de eso, haz un *fototour* ordenado: entrada, sala, comedor, habitaciones, baños, patio, detalles.

Ahora bien, un consejo de oro: maquilla, pero no engañes. Invertir en una imagen atractiva es válido, siempre que no se rompa la promesa. Una propiedad exagerada en las fotos genera expectativas falsas y eso se paga caro en las reseñas.

Ejemplo de estructura de fotos de anuncio.

Existe una historia viral que lo demuestra. Una huésped reservó un departamento con «vista al mar» en Italia. Al llegar, descubrió que el anfitrión había colocado una lona con la imagen del mar frente a la ventana. Aunque parezca un chiste, ocurrió de verdad. Resultado: se perdió la confianza, se destruyó la reputación del anfitrión y su permanencia en la plataforma quedó en juego. En conclusión, invertir en buenas fotos no es un lujo, es una necesidad. Marca la diferencia entre tener un Airbnb visible o uno que pasa desapercibido. Las fotos pueden vender o espantar. Tú decides de qué lado estar.

El diseño como gancho de *marketing*

Una propiedad bien diseñada no solo se ve mejor, se vende mejor. El diseño no es decoración superficial, es estrategia de posicionamiento. En Airbnb, cada detalle comunica, cada rincón cuenta una historia, por eso, cuando diseñas con intención, estás generando una ventaja competitiva. Una pared con color de acento, una frase simpática en el espejo del baño o un mural fotogénico puede ser justo lo que haga que un huésped elija tu propiedad sobre diez más.

Airbnb funciona como una vitrina digital. El algoritmo prioriza lo que la gente observa, comparte y guarda. Y adivina qué: los diseños memorables llaman la atención, se comparten más y se posicionan mejor. Si alguien hace clic en tu anuncio, aunque sea para criticar tu tema de Batman o la pared rosa de tu casa Barbie, ese clic ya es positivo para tu posicionamiento. La plataforma interpreta que tu propiedad genera interés. Y esa es la clave.

Ahora bien, diseñar con intención no significa llenar de cosas. Significa crear una atmósfera coherente con lo que ofreces. Si tu segmento son parejas, busca que el espacio sea acogedor, cálido, con rincones que inviten al romance. Si tu enfoque es familiar, asegúrate de que haya zonas para compartir, juegos, libros, espacios seguros para niños. Incluso los materiales comunican. El cuero transmite elegancia. El mimbre, frescura. El dorado, sofisticación. Los cojines bien elegidos, la textura de una alfombra, el marco de un espejo, todo puede ser parte del mensaje que quieres proyectar.

El diseño no se improvisa: se piensa, se planea y se ejecuta como parte de una estrategia de diferenciación, porque en Airbnb gana el que ofrece una experiencia que nadie olvida.

Amenidades que marcan la diferencia

Si el diseño es el anzuelo, las amenidades son el valor agregado que enamora. Son esos extras que hacen que tu propiedad se destaque, que el huésped diga: «Aquí pensaron en todo». Y no se trata de llenar la casa de lujos. Se trata de pensar con estrategia en lo que tu público necesita. Una cuna para quienes viajan con bebés. Un escritorio con buena luz para quienes trabajan remoto. Una hamaca en el patio para quienes solo quieren descansar. Cada amenidad bien elegida es una razón más para reservar.

Algunas de las que siempre recomiendo: cuna, silla alta, parque infantil, monitor de bebé, platos para niños, juegos de mesa, biblioteca pequeña, espacio de trabajo con silla ergonómica, cafetera, área para barbacoa, *fire pit*, bicicletas, *jacuzzi*, un piano (si quieres destacar de verdad) y un rincón *instagrameable*. No tienes que tenerlas todas, pero al menos ofrece algunas que tu competencia no tenga.

Una de las maneras más efectivas de destacar es chequear qué está ofreciendo tu competencia y superarlo en algo. No tiene que ser en precio, puede ser en experiencia. ¿Ellos no tienen un *fire pit*? Agrega uno. ¿No hay espacio de trabajo? Prepara una esquinita con escritorio, silla cómoda y buena luz.

El patio suele ser el área donde más se manifiestan las amenidades. Nosotros siempre tratamos de incluir *barbecue*, hamaca, pequeño gimnasio exterior y, si el presupuesto lo permite, *jacuzzi*. Solo ese detalle puede subir entre 10 % y 20 % el valor por noche de la propiedad, al menos en Florida. No olvides las amenidades de seguridad: detector de humo, detector de monóxido de carbono, extintor visible en la cocina (aunque la diseñadora sufra), botiquín de primeros auxilios. Todo esto muestra que te tomas en serio el bienestar de tu huésped. No puedes escatimar en esto. Un Airbnb inseguro no es un negocio, es una bomba de tiempo.

También puedes crear un «*pet station*» si aceptas mascotas, con bolsitas higiénicas, tazones y una señalización clara. Si alguien viaja con su perro de apoyo emocional, estará más que agradecido.

Hablando de agradecimiento, muchas veces una pequeña amenidad emocional marca la diferencia: un ramo de flores naturales, una canasta con frutas, una botella de vino o un simple mensaje de bienvenida personalizado puede generar una reseña de cinco estrellas, porque el huésped siente que está entrando a un espacio cuidado, pensado y amado.

Las amenidades no son un gasto, son una inversión, son las herramientas con las que conviertes una estancia en una experiencia.

Agrega además una herramienta clave: crea una lista de reposición automática de insumos con un código QR. Nosotros usamos Amazon y cargamos ahí todos los accesorios perecederos. Si se rompe algo o falta algo, el equipo va directo a esa lista y lo compra sin perder tiempo.

El momento más importante: el *check-in*

Puedes tener la mejor decoración, las fotos más impactantes y las amenidades más completas, pero si fallas en el *check-in,* todo lo anterior pierde valor. El *check-in* es el momento de la verdad. Es cuando el huésped cruza la puerta y decide si todo lo que vio en la plataforma coincide con la realidad. Ahí se define si vas a recibir cinco estrellas o una queja.

Lo primero es asegurarte de que la persona tenga toda la información necesaria con antelación: dirección, código de acceso, instrucciones de parqueo y detalles relevantes. Esa comunicación anticipada reduce la ansiedad del huésped y genera confianza.

Lo primero es garantizar una comunicación impecable. El huésped debe recibir con antelación toda la información: dirección, código de entrada, instrucciones de parqueo y cualquier otro dato que facilite su llegada. Eso reduce su ansiedad y te posiciona como anfitrión confiable.

Después, tienes que apuntar a lo que llamamos una experiencia de 10 estrellas. El propio CEO de Airbnb, Brian Chesky, lo plantea así: ofrecer más de lo que el huésped espera. La mayoría se conforma con que la propiedad esté limpia y se parezca a las fotos. Pero nosotros buscamos el «WOW». Si no se lo dicen a su familia en una videollamada o no suben una historia, aún puedes mejorar.

¿Cómo lograr ese impacto? Atacando los cinco sentidos:

1. **Aroma**: nada mata más rápido la experiencia que un mal olor. No usamos velas ni incienso (riesgo de incendio), ni difusores conectados al aire acondicionado. En su lugar, usamos un *air fresher*: una bolita conectada a la corriente que emite un aroma sutil. Siempre en

intensidad mínima. El olor debe ser limpio, suave, casi imperceptible.

2. **Tacto**: cada textura cuenta. Cojines mullidos, toallas esponjosas, alfombras suaves, sábanas que invitan al descanso. Todo suma a la experiencia sensorial del huésped. Hay un truco que casi nadie aplica y marca la diferencia: flores naturales. Un ramo cuesta cinco dólares, nada más. Nosotros solemos pedirle a la encargada de limpieza que lo compre junto con lo demás y lo deje listo en el espacio antes del *check-in*. El detalle es mínimo, el impacto es enorme.
3. **Gusto**: aquí hay muchas opciones; una canasta de frutas frescas, una botella de vino, unos bombones. Todo depende del tipo de huésped. Si es una pareja en aniversario, puedes sumar flores, espumoso, bombones. Si rentas por 500 dólares la noche, no cuesta nada invertir 50 dólares en un detalle que garantice una evaluación de cinco estrellas.
4. **Oído**: la música ambiente transforma el espacio. Optamos por listas de bossa nova o *jazz* suave, reproducidas desde un dispositivo como Alexa o una bocina pequeña. Se dejan en modo repetición, de modo que, al llegar, el huésped ya encuentra una melodía suave envolviendo el ambiente. Ese detalle, aunque simple, cambia por completo la atmósfera.
5. **Vista**: los espacios deben invitar a quedarse y a tomarse una foto. Una pared llamativa, una frase en neón, un detalle decorativo inesperado. Todo suma. Pero lo esencial es la luz: siempre cálida, nunca blanca tipo hospital. Recomendamos encender solo lámparas de noche o de pie. Ese tipo de iluminación crea un ambiente acogedor y, además, disimula imperfecciones

menores. La meta es clara: que, al entrar, la persona diga sin pensarlo: «¡Qué rico lugar!».

Uno de nuestros recursos favoritos, y más efectivos, es el *check-in* virtual. Grabamos un video corto que se reproduce automáticamente en la TV cuando el huésped llega. Ahí damos la bienvenida y explicamos, con un tono cercano, cómo funciona todo: aire acondicionado, wifi, manejo de basura, reglas básicas del alojamiento. Todo queda claro desde el principio.

Además, sumamos un segundo video con recomendaciones personales: restaurantes, cafés, rincones especiales de la ciudad. Es como recibir al huésped en persona, aunque no estemos ahí. Ese gesto genera confianza, humaniza la experiencia y deja claro que esto no es un *hobby*: es un negocio profesional, pensado con detalle.

Ahora bien, tan importante como los videos es la señalización estratégica. Colocar cartelitos visibles con la clave del wifi, las normas esenciales (como no fumar ni hacer fiestas), advertencias sobre el uso del inodoro (nada de tirar objetos indebidos) e indicaciones cerca del aire acondicionado —por ejemplo, un aviso que diga «no bajar de 68° para evitar fallas»—. Si tienes cámaras exteriores, informa de forma clara; incluso mejor, colócalo por escrito. La transparencia es clave para proteger tu reputación y tu cuenta.

Todo esto convierte el *check-in* en una experiencia. Ya no es solo un trámite: es tu primera gran oportunidad para conquistar al huésped.

Errores que te pueden sacar de la plataforma

No importa cuán bien lo hagas, si cometes ciertos errores críticos, Airbnb te puede cerrar la cuenta. Y lo digo sin rodeos, porque lo he visto. Hay anfitriones que, por no prestar atención a detalles clave, pierden todo su esfuerzo y reputación de un día para otro.

El primero es el desempeño deficiente sostenido. Si acumulas reseñas negativas una tras otra, con estrellas bajas, cancelaciones, quejas por limpieza o falta de comunicación, el algoritmo te penaliza, pero no solo eso: puede eliminarte de la plataforma. Airbnb busca proteger su marca y la experiencia del huésped. Y si no cumples, te quedas fuera.

El segundo, y más grave, es el mal uso de cámaras de seguridad. Tener cámaras dentro de la propiedad está prohibido. Pero incluso si tienes una cámara en el exterior y no lo declaras en el anuncio, estás en falta. Si un huésped reporta una cámara no informada, Airbnb puede bloquear tu cuenta de inmediato.

Siempre informo con claridad sobre las cámaras de vigilancia externa, coloco cartelitos visibles y me aseguro de que el huésped sepa que es por su seguridad, no para invadir su privacidad.

Otro error frecuente es prometer algo que no puedes cumplir. Mostrar en las fotos un piano que ya no está, una piscina que no funciona, una vista que no existe (como el caso viral de la lona con imagen del mar) es una receta para el desastre. El huésped se siente engañado, lo reporta y tu cuenta corre peligro.

Por eso insisto: no vendas humo. Vende realidad mejorada. Cuida la experiencia desde la verdad. Si haces cambios en la propiedad, actualiza el anuncio junto con las fotos. La confianza es el activo más valioso que tienes. En Airbnb no triunfa quien tiene el espacio más bonito, sino quien resulta más confiable. Esa confianza nace de los detalles, pero se sostiene en el cumplimiento.

Todo entra por los ojos, es cierto. Aunque el juego no se gana solo con lo visual. Diseñar un espacio impactante, aplicar un buen *staging,* invertir en fotos atractivas y ofrecer amenidades memorables apenas representa el primer paso, porque en Airbnb, la experiencia comienza con una imagen, aunque solo se consolida con estrategia.

Si aspiras a tener un negocio sostenible y escalable, no alcanza con que tu propiedad luzca bien. Es clave entender cómo funciona la plataforma desde adentro: su algoritmo, su sistema de precios, las reglas, las herramientas de comunicación, los datos. Justo eso es lo que viene en el próximo capítulo. Te voy a mostrar cómo pasar de anfitrión decorador a anfitrión estratega, porque la estética atrae, pero la estrategia se consolida. Es momento de avanzar hacia lo que marca la diferencia: dominar el juego digital con visión y propósito.

De la teoría a la acción: diseña para emocionar y convertir

Antes de cerrar este capítulo, te propongo una pausa reflexiva. Este negocio no empieza con grandes inversiones ni con títulos de diseño: empieza con una idea clara y el deseo de crear algo especial. Así que toma papel y lápiz y responde con sinceridad:

1. **¿Qué espacio de tu propiedad tiene más potencial visual? ¿La terraza, la sala, un rincón iluminado, la entrada? ¿Cómo podrías potenciarlo?**

2. **¿Qué emoción quieres que sienta tu huésped al entrar por primera vez a tu propiedad? (¿Relajación, asombro, inspiración, calidez?)**

____

____

____

____

3. **¿Qué detalle visual podrías incluir que enamore a simple vista? (Una pared con arte, luces cálidas, plantas, un aroma especial, un mueble llamativo)**

____

____

____

____

CAPÍTULO V

Gestión *online* de Airbnb: ¿Cómo dominar la plataforma como un profesional?

Administrar una propiedad en Airbnb no es solo cuestión de tener un espacio bonito y entregarle las llaves al huésped. Detrás de cada reserva exitosa hay estrategia, herramientas digitales y una plataforma que premia a los anfitriones que saben cómo moverse dentro de su ecosistema.

En este capítulo te voy a mostrar cómo funciona el «detrás de escena» del negocio: desde cómo usar bien la plataforma de Airbnb, hasta entender el algoritmo, fijar precios con inteligencia, automatizar tu comunicación y leer tus estadísticas de rendimiento como un verdadero estratega. Porque en Airbnb no gana solo el que más decora ni el que tiene mejor locación, gana el que mejor gestiona.

Aquí vamos a entrar en la parte operativa y estratégica del negocio. Te voy a explicar cómo sacarle provecho a la plataforma, cómo interpreta el algoritmo tu actividad, cómo fijar precios inteligentes, automatizar la comunicación y leer las métricas que de verdad importan. Porque si quieres resultados sostenibles, necesitas dejar de operar a ciegas y empezar a gestionar como un profesional.

Las bases sobre la plataforma Airbnb

Airbnb no es un simple *website*: es un ecosistema completo donde convergen viajeros, anfitriones, experiencias, servicios personalizados, y sí; oportunidades. Aunque nació como un sitio para alquilar habitaciones, hoy permite gestionar alojamientos completos, ofrecer experiencias locales, habilitar estadías largas y colaborar con otros proveedores. Desde departamentos urbanos hasta casas rurales, el abanico es enorme. Por eso, entender cómo funciona la plataforma —y cómo usar sus herramientas de forma estratégica— no es un lujo: es una necesidad si quieres destacarte y obtener resultados reales.

Ahora bien, para tener éxito en este negocio, no alcanza con subir fotos bonitas o tener buena disposición: hay que dominar las bases de la plataforma. Y eso comienza por comprender algo fundamental: Airbnb tiene dos caras. Está la cara que ve el huésped —la experiencia de navegación, búsqueda y reserva— y la cara que ve el anfitrión —el panel de control desde donde se gestiona todo el negocio—. Conocer ambas a fondo es el primer paso para tomar decisiones inteligentes y crecer con consistencia.

Del lado del huésped, el recorrido es claro: eligen destino, fechas, cantidad de personas y luego filtran por todo tipo de criterios: tipo de alojamiento, rango de precios, cantidad de habitaciones, cancelación flexible, reserva inmediata o bajo consulta, y un sinfín de amenidades como piscina, *jacuzzi* o terraza. Después de aplicar estos filtros, la plataforma les arroja los resultados. Ahí empieza el juego de la competencia visual: quién destaca más, quién transmite confianza.

Pero cuando tú decides convertirte en anfitrión, se te desbloquea el otro lado de la plataforma: el «modo anfitrión». Entras en tu *dashboard* (o tablero de control) y ves lo que realmente hace funcionar tu negocio: las reservas del día, los ingresos, los mensajes pendientes, las solicitudes de reembolso, los *check-ins y check-outs*, e incluso los huéspedes que aún no han dejado su evaluación. Todo está ahí. Es tu día a día, tu centro de mando.

En ese tablero también encuentras el calendario, donde puedes revisar y modificar ocupaciones, ajustar precios y anticiparte a la temporada baja o alta. Desde ahí manejas tus anuncios: puedes editarlos, pausarlos o publicar nuevos. Y por supuesto, está la sección de mensajería, donde ves todo el historial de conversaciones con los huéspedes, sus evaluaciones, su tiempo en la plataforma, la cantidad de personas que se hospedarán, cuánto pagaron y los detalles de su estadía.

A la derecha, una pestaña clave: los ingresos. Aquí ves con claridad cuánto estás facturando mes a mes, qué propiedad está generando más, qué se ha pagado por limpieza, cuánto representa cada reserva en bruto, y si vas ordenando bien todo, puedes llevar una contabilidad seria y organizada de tu negocio.

Pero volvamos a lo esencial: tu perfil, ese es el punto de partida. Airbnb no premia logos ni marcas. Recuerda que tú no eres Hilton ni Marriott. Aquí, lo que de verdad convierte es tu personalidad y tu esencia. Aunque gestiones 50 propiedades, la plataforma premia a quien se presenta con rostro, con historia y con autenticidad.

Por eso insisto: sube una foto tuya, sonriendo; nada de logos ni imágenes frías. Airbnb tiene algo que llama el «pasaporte del anfitrión», una serie de preguntas simpáticas que invitan a la conexión humana: ¿a qué te dedicas? ¿Cuál fue tu último destino favorito? ¿Un dato curioso sobre ti? Esto no es relleno: es la forma más directa de conectar con el huésped desde el primer clic.

Además, la plataforma te permite escribir una breve introducción (de hasta 450 caracteres) donde puedes explicar por qué alguien debería hospedarse contigo: qué te apasiona, cómo cuidas los detalles, qué te mueve a ser anfitrión. También tienes la opción de seleccionar hasta veinte intereses personales con los que otros usuarios puedan sentirse identificados. ¿Te gusta el senderismo? ¿Eres fanático del cine? ¿Cocinas? Todo eso suma. A veces, la diferencia entre tú y otro anfitrión está en una afinidad emocional.

Una vez que la propiedad está publicada y el anuncio empieza a recibir visitas, accedes a una de las secciones más importantes: la de analíticas. Allí puedes consultar con claridad cómo va tu rendimiento: cantidad de reservas, opiniones de los huéspedes, comparaciones con otros anfitriones de tu zona y aspectos concretos que puedes mejorar. Todo esto —todo— está dentro de la plataforma. No necesitas un *software* externo para manejar tu negocio como un profesional. Lo único que necesitas es tiempo, dedicación y la voluntad de aprender el sistema desde dentro. Porque aquí no se trata solo de decorar bonito y esperar, aquí se trata de conocer las reglas del juego. Y como en todo juego serio, si aprendes a moverte con inteligencia, vas a ganar.

¿Cómo funciona el algoritmo de Airbnb?

Después de casi una década en esto, tras lanzar cientos de propiedades propias y de mis estudiantes, puedo decirte algo con total honestidad: el algoritmo de Airbnb es un eterno misterio. A veces algo te funciona perfecto hoy y mañana ya no, pero si hay algo que he comprobado, es que existen ciertos patrones que sí funcionan, una y otra vez. Yo los llamo los cuatro pilares para posicionarte bien en la plataforma, y si los aplicas con intención, vas a tener una ventaja enorme frente al resto.

1. **Tu vitrina digital (así te ve el mundo)**: si no te ven, no existes. Airbnb es un mercado visual, por ello gana el que mejor la presenta. La gente escanea con los ojos antes de leer. Por eso, necesitas:
   - Fotos profesionales que impacten, luz natural, buena composición.
   - *Staging* estratégico que muestre estilo y calidez.
   - Una decoración con identidad, que diga algo.
   - Títulos y descripciones auténticas, claras, atractivas.

Si tu anuncio no genera visualizaciones ni entra en las listas de favoritos *(wishlist),* el algoritmo lo entierra. Así de sencillo.

2. **Precio**: sé competitivo, no emocional. Muchos caen en este error: fijar el precio desde el apego emocional. «Aquí vivió mi abuela», «yo no bajo de 500 dólares», «esta propiedad vale oro». Lo comprendo, pero Airbnb no. En esta plataforma, el precio debe ajustarse. Se trata de cuánto está dispuesto a pagar el mercado. Hay factores que tienen un impacto directo: temporada, fines de semana, eventos locales, competencia cercana, historial

del anuncio y nivel de ocupación. Es un sistema que se mueve todo el tiempo. Como siempre digo: es un ser vivo.

3. **Hospitalidad**: las cinco estrellas son tu gasolina. Tú puedes tener la propiedad más hermosa de la zona, pero si no sabes tratar al huésped, no vas a durar. La hospitalidad aquí no es un *plus*, es lo que te sostiene. Las evaluaciones de cinco estrellas suben tu visibilidad, construyen tu credibilidad y te acercan a la meta más deseada: convertirte en *Superanfitrión*.
4. **Popularidad (*Wishlist* y visualizaciones)**: el algoritmo también premia la popularidad. Airbnb posiciona mejor a las propiedades que tienen más visitas y que aparecen en más listas de favoritos. Cuando la gente guarda tu anuncio, eso le dice al sistema que tu propiedad gusta, que genera deseo, y eso te sube en los resultados de búsqueda. Entonces, no solo se trata de tener buenas fotos: también debes generar esa conexión emocional. Que la gente diga: «Aquí quiero quedarme».

Entender el algoritmo de Airbnb no es una ciencia exacta, pero aplicar estos cuatro pilares con consistencia puede marcar la diferencia entre una propiedad invisible y una que genera alta rentabilidad. La plataforma observa más de lo que parece, y premia a quienes cuidan los detalles, actualizan con intención y construyen confianza con cada huésped. No necesitas adivinarle al sistema, necesitas trabajar con estrategia. Si combinas visualidad, precios bien pensados, hospitalidad auténtica y popularidad sostenida, no solo vas a subir en el *ranking*, vas a construir un negocio que se mantenga en el tiempo. Porque en Airbnb, el posicionamiento no se compra: se gana. Y ahora ya sabes cómo.

¿Qué es ser *Superanfitrión* y por qué importa?

Ser *Superanfitrión* te separa del resto; te pone en otra liga. Según la propia plataforma, solo el 20 % de los anfitriones en Airbnb alcanzan esta categoría. ¿Por qué? Porque el nivel de exigencia es alta, pero los beneficios lo valen.

Estos son los cuatro requisitos para convertirte en *Superanfitrión*:

1. **Evaluación general mayor a 4.8**: esto se calcula con el promedio de todas las evaluaciones que recibes en el último año.
2. **Índice de respuesta superior al 90 %**: tienes que responder en menos de 24 horas para no bajar en esta categoría.
3. **Al menos 10 estancias completadas**: Se valora el último trimestre.
4. **Índice de cancelación menor al 1 %**: aquí no hay excusas, nunca canceles una reserva a menos que sea por una emergencia real. Esto puede costarte una penalización económica y la pérdida de la insignia y beneficios de ser *Superanfitrión*.

Anótalo en rojo: «cancelar reservas sin justificación te puede sacar del juego». Así de serio es.

Estadísticas de *Superanfitrión*.

¿Qué ganas siendo *Superanfitrión*?

- Mayor visibilidad frente a otros anuncios similares.
- Airbnb le manda correos promocionales a los huéspedes que están buscando propiedades como la tuya.
- Cupón de hasta $500 anuales si mantienes la categoría por un año.
- El distintivo visual en tu anuncio: la insignia, que transmite confianza.
- Bonificaciones por referidos (hasta 700 u $800 por traer nuevos anfitriones).
- Acceso anticipado a las nuevas funcionalidades cada vez que Airbnb lanza actualizaciones (*Summer* o *Winter Release*).
- Atención prioritaria en el servicio al cliente, con línea directa exclusiva.

¿Vale la pena? Sin duda. Más allá de los beneficios, ser *Superanfitrión* deja claro que tomas este negocio con seriedad. No improvisas. Estás presente. Cumples lo que prometes. Esa actitud —en Airbnb como en la vida— marca la diferencia. Porque lo que más se valora no es la perfección, es la confiabilidad.

Precios dinámicos explicados para principiantes

Uno de los errores más comunes entre anfitriones —ya sean nuevos o con experiencia— es fijar precios con el corazón, en lugar de hacerlo con la cabeza partiendo de un análisis minucioso de tu mercado. He visto a muchos poner $500 por noche solo porque «eso es lo que vale su propiedad», sin revisar cuánto cobra la competencia. Pero déjame decírtelo claro: si no manejas los precios de forma estratégica, no vas a tener resultados. No importa cuán linda está tu casa ni cuántos recuerdos tengas ahí.

Airbnb funciona como un mercado dinámico, donde el precio es algo vivo. Cambia según la temporada, la cantidad de huéspedes, los eventos locales, los días específicos de la semana, la visibilidad del anuncio y hasta cuántas veces ha sido guardado en favoritos. Cada uno de estos factores influye. Por eso, la gestión de precios es clave: si no la dominas, puedes terminar cobrando muy poco y perdiendo ingresos, o demasiado alto y quedándote con el calendario vacío. Ambas opciones matan tu negocio.

Tres formas de gestionar precios (y cuál sí funciona)

En el mercado veo tres estilos comunes. Solo uno funciona.

1. **Precio fijo todo el año**: algunos anfitriones fijan una tarifa única sin importar temporada, eventos o fines de semana. Es cómodo, pero poco rentable. Dejan dinero sobre la mesa y su ocupación es inestable.
2. **Smart Pricing de Airbnb**: esta herramienta ajusta precios de manera automatizada. Pero su objetivo no es maximizar tus ingresos, es aumentar reservas. Si no la configuras bien, puedes perder dinero sin darte cuenta.
3. **Plataformas externas (PriceLabs, Beyond Pricing, etc.)**: son útiles, pero si no configuras bien tus mínimos y máximos, el sistema puede jugarte en contra. Recuerda: el algoritmo obedece, no decide. No sabe si ese precio cubre tus costos.

¿Cuál recomiendo?

Cuando estás empezando, lo mejor es usar una gestión semiautomática. Puedes activar herramientas como Smart Pricing o PriceLabs, pero siempre con intervención manual.

Al menos dos veces por semana, revisa cómo está tu competencia, qué días tienes vacíos, si hay eventos en la zona y qué ajustes puedes hacer. Yo mismo reviso mis propiedades cada semana: bajo o subo precios, aplico promociones, ajusto tarifas mínimas... y eso mejora mi visibilidad en la plataforma.

Cinco principios para fijar buenos precios

a) **No pongas precios al azar**: estudia el mercado. Mira propiedades similares, qué ofrecen y cuánto cobran.
b) **Empieza un 10 % por debajo**: si estás comenzando, ser competitivo te da visibilidad, evaluaciones positivas y posicionamiento más rápido.
c) **Ajusta con frecuencia**: tu propiedad es un activo vivo. Modifica precios según temporada, ocupación y comportamiento de los huéspedes.
d) **Desapégate emocionalmente**: esto es un negocio, no un altar. No pongas el precio por lo que representa el lugar, sino por el valor que entrega hoy.
e) **Chequea el Tiempo entre Reserva y Llegada de tu Anuncio (Booking Lead Time)**: Esto te va a dar información clara de con qué periodo de anticipación están rentando las personas en tu área y en que fechas deberías enfocarte en llenar.

¿Cómo configurar los precios dentro de la plataforma?

Airbnb te permite establecer:

- **Precio base**: el promedio general por noche. Cómo fórmula básica te recomiendo que sea un valor que te permita cubrir todos los costos fijos en un máximo de 15 días del mes (hipoteca, servicios, etc.).

- **Precio mínimo**: tu piso absoluto: a esto le llamo la *teoría de* «Wall Street Year»: el mínimo debe ser razonable, pero realista. Que no sea tan bajo que te deje sin ganancia. Yo lo configuro para usarlo solo como salvavidas de última hora, si necesito llenar una noche vacía.
- **Precio máximo (¡al infinito y más allá!)**: coloca un tope alto. Porque cuando hay eventos grandes en tu ciudad (como el Mundial 2026 en Miami), los precios se disparan. No pongas techo a tu oportunidad.

Descuentos, cargos adicionales y reglas de disponibilidad

A la hora de optimizar tus reservas, no se trata solo de tener buenas fotos o un precio atractivo. También es clave cómo estructuras los descuentos, los cargos adicionales y la disponibilidad de tu propiedad. Estos pequeños detalles pueden marcar una gran diferencia en la decisión final del huésped. Aquí te comparto algunos ajustes que han funcionado muy bien en mi experiencia:

Descuentos por estadías prolongadas

Una forma efectiva de atraer huéspedes que buscan más estabilidad —como nómadas digitales, familias en transición o personas que viajan por trabajo— es ofrecer descuentos por estadías largas:

10 % para estadías semanales.
15 % para estadías mensuales.

Estos incentivos pueden ayudarte a reducir la rotación y garantizar ingresos más estables.

Tarifas adicionales recomendadas

Puedes incluir cargos extra que reflejen con claridad el valor de ciertos servicios o condiciones especiales:

Tarifa de limpieza.
Tarifa para mascotas (si las permites).

Cualquier otro cargo que consideres justo, siempre que esté especificado en el anuncio.

Reglas de disponibilidad y reservas

Estancia mínima recomendada: 2 noches. Estancia máxima: 90 noches. Aunque las estadías largas no son frecuentes, es mejor tenerlas activadas por si acaso.

Reservas el mismo día: mantenlas habilitadas hasta tarde en la noche para captar huéspedes de última hora.

Ventana de disponibilidad: entre 6 y 12 meses. Esto te da mayor exposición y evita que tu calendario se vea «cerrado» cuando alguien planea con anticipación.

Ajustes manuales: tu arma secreta

Hay varios tipos de ajustes manuales que suelo hacer para optimizar la ocupación. Por ejemplo, si noto que hay una noche vacía a solo tres días, no dudo en bajarla de 200 a $150. También me funciona aplicar un 20 % de descuento de última hora: muchas veces, con ese simple movimiento, la noche se llena. Son decisiones rápidas que el sistema automático no haría, porque tiene un precio mínimo programado. Pero tú sí puedes hacerlo. Al final, Airbnb es como un océano lleno de tiburones hambrientos por una buena oferta, y cuando la encuentran no tardan en morder o mejor dicho reservar.

El arte de adaptar tu estrategia

La gestión de precios no es una fórmula mágica. Es una ciencia en constante cambio. Airbnb actualiza su plataforma dos veces al año, y lo que funcionó ayer puede dejar de funcionar mañana. Por eso, el anfitrión que tiene mejores resultados no es el que pone el precio más alto, sino el que está más atento. Y si aprendes a jugar este juego con estrategia, flexibilidad e inteligencia, vas a ganar.

Comunicación automática y plantillas efectivas

Si hay algo que frustra a los anfitriones cuando comienzan en Airbnb, es la comunicación con los huéspedes. Me pasó a mí también. Recuerdo esos primeros meses respondiendo sin parar:

—¿Dónde encuentro la clave del wifi?
—¿Cómo abro la puerta?
—¿Dónde dejo la basura?
—¿Cómo se pone caliente el agua?

Parecía que vivía conectado al celular. Me sentía saturado. Llegué a pensar que este negocio no era para mí. Pero no era el negocio, era la forma en que lo estaba gestionando.

Entré tirando piedras, como decimos en buen cubano. Cometí errores, me di mis buenos cabezazos. No tenía a nadie que me enseñara cómo hacerlo bien. Por eso hoy me ves aquí, compartiendo lo que me habría encantado saber desde el inicio: la comunicación en Airbnb puede automatizarse hasta en un 80 %.

Automatiza o colapsas

Tú no puedes estar respondiendo lo mismo diez veces al día ni deberías. Hay herramientas —incluso dentro de la misma plataforma— que te permiten programar mensajes para cada etapa de la experiencia. Eso no solo te alivia a ti, también mejora la percepción del huésped, que siente que está siendo bien atendido desde el primer momento.

Yo lo llamo los cinco momentos críticos de verdad de Airbnb. Cinco etapas en las que debes (sí o sí) enviar un mensaje claro, amable y oportuno. Si los dominas, te ahorras estrés y sumarás cientos de evaluaciones de 5 estrellas y miles de dólares a tu cuenta bancaria.

Los cinco momentos críticos de verdad:

1. Justo después de la reserva

Este primer mensaje se programa para enviarse cinco minutos después de que el huésped reserva. Es corto, pero vital. Sirve para agradecer, dar la bienvenida y generar confianza. Muchos huéspedes, sobre todo los nuevos, sienten ansiedad al reservar. Se preguntan si todo saldrá bien, si alguien les va a responder, si no están cayendo en una estafa. Un mensaje automático en ese primer instante cambia todo. Es el equivalente digital a un apretón de manos.

2. Siete días antes del *check-in*

Este mensaje es un toque amistoso: «¡Ya falta poco para tu llegada! Te esperamos con todo listo». También sirve para reforzar detalles importantes: si hay estacionamiento, si necesitas ID, si tienes alguna solicitud especial, etc.

Importante: si la reserva fue hecha con menos de siete días de anticipación, este mensaje no se envía (porque no tiene sentido).

3. Un día antes del *check-in*

Aquí es donde se comparte toda la información práctica:

- Dirección exacta.
- Código de entrada.

- Normas básicas.
- Clave del wifi.
- Instrucciones para el aire acondicionado o agua caliente.
- Recomendaciones clave (por ejemplo, dónde parquear).

Este mensaje es decisivo para evitar preguntas innecesarias. De hecho, si lo haces bien, el huésped llega sintiéndose seguro y acompañado.

4. Un día después del *check-in*

Esto es seguimiento puro. Una muestra de hospitalidad real: «Hola, ¿cómo estuvo tu llegada? ¿Todo bien con el *check-in*? Estamos atentos a cualquier duda que tengas». La mayoría de los problemas se solucionan cuando se detectan a tiempo. Este mensaje previene quejas, construye relación y genera confianza.

5. Un día antes del *check-out*

Este mensaje recuerda la hora de salida, pide que dejen el lugar en orden y agradece su visita. Debe ser respetuoso y claro. Por ejemplo: «Hola, solo queríamos recordarte que tu *check-out* es mañana a las 11:00 a. m. Agradecemos que dejes el espacio limpio y en condiciones para nuestro equipo de limpieza. ¡Fue un gusto tenerte!». Este pequeño gesto genera un cierre respetuoso y profesional. Pero aquí no se acaba el proceso.

El mensaje más importante: la solicitud de evaluación

Tú no has terminado con un huésped hasta que te deja una evaluación. Lo aprendí en la universidad, cuando estudiaba Turismo y Hospitalidad. En cualquier negocio —desde cortar césped hasta alquilar casas—, lo que consolida tu reputación no es la transacción: es el testimonio. Es la palabra del cliente. Ese mensaje, el de pedir la evaluación, no debe enviarse el mismo día del *check-out*. Ese día la persona está ocupada: vuelos, maletas, niños, estrés.

Es mejor esperar 24 horas. En la tarde, un mensaje cordial, directo, pero humano. Algo como: «Gracias por quedarte con nosotros. Si tuviste una buena experiencia, nos encantaría que lo compartas con una evaluación. Tu opinión nos ayuda a seguir mejorando y a recibir a nuevos viajeros con la misma dedicación». Ese mensaje es la llave que cierra el ciclo y abre la puerta a más reservas.

Plantillas, *bots* y orden

Todo esto puedes programarlo desde la misma plataforma de Airbnb. Y si gestionas muchas propiedades, existen *softwares* externos que te permiten automatizar más y mejor. Crear mensajes programados, no te hace menos profesional, al contrario, te convierte en un anfitrión más eficiente, más organizado y con más paz mental. Porque el huésped que siente que lo pensaste antes de que te escribiera, ese huésped te recomienda. Y vuelve.

Analíticas para tomar decisiones

Una de las herramientas más poderosas que ofrece Airbnb —y una de las más subestimadas por los anfitriones— es el panel de analíticas. No es solo para «ver cuántas reservas llevas», es un tablero que te muestra el corazón de tu negocio: cómo estás rindiendo, qué estás haciendo bien y, sobre todo, dónde puedes mejorar. Cuando tú entiendes esta parte, dejas de operar por intuición y empiezas a tomar decisiones con datos reales. Y eso, créeme, cambia todo.

Las principales secciones del panel de rendimiento:

1. Oportunidades: Airbnb te da recomendaciones personalizadas para mejorar tu rendimiento. Por ejemplo, si tu propiedad no tiene «*check-in* autónomo» activado, te lo va a sugerir. Si no aceptas mascotas, lo mismo. Si te falta agregar una cuna o mejorar tu política de cancelación, ahí te lo dice. Es como tener un asesor interno que te dice: «Haz esto y vas a mejorar».

Yo lo digo así, en buen cubano: «Nunca te pelees con el cocinero si no quieres pasar hambre». Y en este caso, el cocinero es Airbnb. Si ellos mismos te están diciendo cómo mejorar, escúchalos. Ajusta lo que puedas. No se trata de hacer todo, pero sí de avanzar paso a paso.

Además, en esta sección puedes ver gráficas comparativas donde tu anuncio se mide frente a propiedades similares. Esto es oro: puedes ver si estás por encima o por debajo del promedio en visualizaciones, reservas, ocupación o *wishlist*. Y ahí mismo decides dónde afinar.

2. Calidad: aquí se recopilan todas las evaluaciones de tus huéspedes, divididas en siete criterios clave:

- Calidad general: la puntuación global (de 1 a 5 estrellas) que los huéspedes te asignan después de su estadía.
- Precisión del anuncio: evalúan si lo que encontraron coincide con lo que prometiste. Aquí es donde se castiga el «vender humo».
- Llegada *(check-in)*: califican lo clara y fluida que fue su entrada a la propiedad.
- Limpieza: tal cual, cuán limpio y ordenado estaba todo.
- Comunicación: miden qué tan rápido, claro y presente estuviste antes, durante y después.

- Ubicación: aunque no puedes mover tu casa, sí puedes manejar las expectativas con una buena descripción.
- Relación valor-precio: ¿valió lo que pagaron?

Cada una de estas valoraciones impacta en tu visibilidad dentro de la plataforma. Así que, si ves que una está bajando, ya sabes dónde ajustar.

3. Ocupación y tarifa: esta sección te dice:

- Cuántas noches están ocupadas tus propiedades.
- Cuál es el índice de ocupación (debe estar por encima del 85 %).
- Cuántas cancelaciones has tenido.
- Cuál es la duración promedio de las estancias.
- Cuánto cobras en promedio por noche.

Aquí es donde detectas patrones. Si notas que tienes ocupación baja en ciertos días, puedes hacer ajustes en precio o estrategia. Si ves que los fines de semana se llenan rápido, puedes subir tarifas para esos días. Si muchos te cancelan, revisa tu política o tu comunicación previa.

4. Conversión: La conversión es una de las métricas más importantes para entender cómo se comporta tu anuncio.

- **Índice de conversión**: cuántas personas ven tu anuncio y cuántas terminan reservando.
- ***Booking lead time***: cuánto tiempo antes están reservando los huéspedes (por ejemplo, con 40 días de anticipación). Ese dato te dice cuándo empezar a mover precios para llenar fechas próximas.
- **Popularidad del anuncio**: cuántas veces ha sido visualizado en los últimos 90 días.

- **Aparición en la primera página**: cuántas veces tu anuncio aparece en los primeros resultados de búsqueda (clave para tener visibilidad).
- **Inclusión en *wishlist***: cuántos usuarios agregan tu propiedad a su lista de favoritos (lo que indica deseo de reservar a futuro).

Si estás bajo en visualizaciones o favoritos, significa que necesitas mejorar tus fotos, tu título o tu precio. Si tienes buena conversión, estás en el camino correcto. Airbnb premia los anuncios que funcionan con mayor visibilidad.

¿Qué hago con toda esta información?

No se trata de obsesionarse con los números, sino de leer el termómetro del negocio. Así como el médico no diagnostica sin revisar los signos vitales, tú no puedes tomar decisiones a ciegas. Las analíticas te muestran si estás creciendo o estancado, si estás sobrevalorado o regalado, si estás destacando o perdiendo visibilidad. Y con esa información, tomas decisiones más inteligentes.

Recuerda cerrar el círculo con estrategia, el huésped ve una foto y hace clic. Pero el algoritmo ve mucho más. Ve tu ocupación, tu conversión, tus cancelaciones, tus evaluaciones.

Por eso, cada decisión cuenta. Cada ajuste que haces en precio, en foto, en descripción o en comunicación, afecta tu posicionamiento. Y si tú aprendes a leer esos datos como lo que son —herramientas de dirección—, vas a dejar de jugar al Airbnb como *hobby* y empezarás a manejarlo como lo que es: un negocio serio, rentable y escalable.

En el próximo capítulo te voy a hablar de lo que muchos no muestran, pero que marca la diferencia entre un negocio improvisado y uno profesional: la gestión operativa. Vamos a entrarle de frente a temas como la limpieza —con protocolos, frecuencia y el equipo ideal—, el mantenimiento preventivo y cómo anticiparte a los problemas antes de que estallen. También te voy a contar cómo manejo situaciones difíciles con huéspedes, responderé las preguntas más comunes que recibo y compartiré algunas anécdotas reales donde una buena reacción evitó un desastre. Créeme, todo eso vale oro. Porque si la operación falla, el negocio se cae, pero si la dominas, el éxito es cuestión de tiempo.

De la teoría a la acción: piensa como un profesional desde ahora

Tal vez todavía no tengas una cuenta activa en Airbnb o aún no hayas publicado tu primera propiedad. Aun así, este capítulo te ofreció una visión clara del funcionamiento interno de la plataforma y de lo que implica gestionar este negocio con una mentalidad estratégica. Ahora es momento de hacer una pausa, reflexionar y prepararte para dar pasos firmes desde el inicio.

1. **¿Qué puedes hacer hoy para prepararte como un anfitrión profesional?**

2. **¿Cómo te estás formando en estrategias de precios, hospitalidad y comunicación?**

3. **¿Qué sistema podrías implementar desde el inicio para ahorrar tiempo y dar una experiencia de 5 estrellas?**

4. **¿Estás visualizando tu rol como anfitrión con profesionalismo, compromiso y visión de largo plazo?**

Ya tienes en tus manos los pilares. No necesitas esperar a tenerlo todo perfecto para comenzar. Lo que sí necesitas es compromiso, enfoque y una decisión firme: dejar de mirar el negocio desde afuera y comenzar a actuar como quien ya está dentro. Profesional no es quien lo sabe todo, sino quien hace lo que tiene que hacer con lo que tiene. Cada paso que des hoy, por pequeño que parezca, te acerca a construir ese negocio rentable, sólido y en expansión. Este no es un juego de suerte: es un juego de estrategia, constancia y visión. Y tú ya tienes lo necesario para entrar en la cancha.

CAPÍTULO VI

Gestión operacional de Airbnb: limpieza y mantenimiento

Los sistemas permiten que lo ordinario funcione de forma extraordinaria.
Michael Gerber, autor de *The E-Myth Revisited*

Si hay algo que aprendí desde el primer día es que la limpieza no se negocia. He visto propiedades espectaculares, con inversiones de cientos de miles de dólares, fracasar por una sola razón: una mala limpieza. Este negocio es visual, sí, pero también es sensorial. Una foto puede enamorar, pero una toalla húmeda, una sábana con olor raro o un baño con manchas pueden arruinar toda la experiencia. Se acabó la magia. No importa cuántas estrellas tenga la propiedad, ni qué tan impresionante sea la vista: si no está impecable, se pierde la reserva, la evaluación y la confianza. La limpieza es la puerta de entrada a una estadía inolvidable, o el comienzo de una pesadilla.

Por eso digo con firmeza: la propiedad siempre tiene que dormir limpia. Aunque no haya reservas a la vista, aunque la próxima entrada sea en tres días, nunca se sabe cuándo puede llegar una reserva de último minuto. Y cuando llega, no hay tiempo para improvisar. Me pasó: un domingo, la señora de limpieza no fue por un compromiso. Me tocó correr y limpiar yo mismo. Como buen hombre, dejé dos o tres cosas mal y los huéspedes se dieron cuenta. Fue una lección dolorosa, pero valiosa. Desde entonces entendí que el equipo de limpieza no es un gasto: es una inversión estratégica. Son las manos invisibles que sostienen todo. Este capítulo está dedicado a ellas: a quienes dejan cada rincón en orden, cada superficie reluciente, y con su trabajo silencioso hacen que cada huésped sienta que llegó al lugar correcto.

¿Cómo seleccionamos al equipo de limpieza?

El primer paso es una entrevista clara y directa. Les explicamos que no están limpiando una casa cualquiera: están cuidando una operación profesional. Su trabajo es parte de un engranaje más grande, y sin esa pieza, nada funciona bien. Son parte del sistema; son imprescindibles.

En nuestra comunidad colaboramos con personas que tienen experiencia y compromiso. Muchas de ellas lideran sus propias compañías de limpieza o pequeños equipos de trabajo. Otras son profesionales independientes con un alto sentido de responsabilidad. Lo importante es que cada propiedad tenga a una persona fija encargada: alguien que conozca el lugar a fondo, lo cuide como suyo y entienda que cada detalle cuenta.

Funciones básicas del equipo de limpieza

1. **Seguir el manual de limpieza**: les entregamos un documento detallado con instrucciones específicas: qué productos usar, en qué orden hacerlo, cómo dejar la propiedad lista para el próximo huésped. Nada queda a criterio personal. Todo está estandarizado.

2. **Lavar sábanas y toallas**: si hay lavadora, lo hacen en la propiedad. Si no, se las llevan a otro lugar. Pero siempre es responsabilidad del personal.
3. **Comprar los insumos esenciales**: papel sanitario, servilletas, jabones, e incluso sábanas de reemplazo si hace falta. El personal de limpieza lo compra en sus tiendas de confianza y nos envía la factura a fin de mes. Nosotros cubrimos el costo.
4. **Reportar roturas o anomalías**: apenas entra, el personal hace una inspección visual rápida. Si hay algo roto, nos mandan fotos o video. Así podemos presentar un reclamo a Airbnb si es necesario.
5. **Enviar contabilidad mensual**: la persona encargada nos entrega un resumen con las limpiezas realizadas, gastos de insumos, daños detectados y facturas adjuntas. Todo debe estar organizado. Nosotros pagamos dentro de los primeros cinco días del mes siguiente.
6. **Supervisar el calendario**: agregamos a las personas encargadas de la limpieza como coanfitrionas en la plataforma. Esto les da acceso directo al calendario de reservas. No tienen que esperar que les avisemos. Ellas mismas revisan cuándo hay entradas o salidas, incluso reservas de última hora. Esa autonomía reduce errores, retrasos y estrés.
7. **Almacenar insumos por propiedad**: les facilitamos un espacio en cada propiedad para guardar lo básico. Así no tienen que andar cargando todo en el carro. Tienen lo necesario a la mano y eso agiliza su trabajo.

¿Cómo supervisamos su trabajo?

Usamos tres estrategias que han funcionado:

1. **Presencia al principio**: si es una compañía nueva, vamos después de las primeras tres limpiezas.

Corregimos detalles, damos retroalimentación, dejamos claro el estándar.

2. **Capacitación directa**: hay anfitriones que prefieren entrenar al personal de limpieza. Porque la limpieza de Airbnb no es igual a la de una casa común: hay más detalles, otros productos, otro tipo de exigencia.
3. **Evaluaciones de los huéspedes**: Airbnb permite ver cuántas estrellas te están dejando en limpieza. Si bajan las puntuaciones, algo está fallando. Si una propiedad baja, hablamos con la persona encargada. Y si no mejora, la cambiamos.

Porque no hay nada más chismoso que un huésped insatisfecho. No tienes ni que ir a la propiedad: ellos te lo van a contar en la evaluación.

Una historia que siempre me saca una sonrisa

En uno de mis primeros Airbnbs, teníamos una señora que no era la más detallista del mundo. Le gustaba improvisar, a veces se le pasaban cosas. Pero le caía tan bien a los huéspedes, les hacía desayuno, los recibía con alegría, que todos le dejaban cinco estrellas. Yo quería reemplazarla, pero nunca encontré cómo. Sus evaluaciones eran perfectas. Y ahí entendí algo muy humano: la limpieza importa, pero la calidez también pesa.

Para finalizar esta parte, es importante que quede claro que puedes contratar a una persona individual o una empresa, pero al final, la limpieza la hace una persona con nombre propio, que debe estar comprometida con tu propiedad. Esa es la persona que debes formar, cuidar y supervisar. Y si haces esto bien, vas a dormir tranquilo. Porque en este negocio, cada *check-in* empieza con una casa limpia, o no empieza.

¿Quién hace que la propiedad se mantenga en perfecto estado?

Necesitas contar con alguien de absoluta confianza que cumpla el rol de encargado de mantenimiento. Algunos lo llaman *handyman*, otros «todero», y otros más, técnico de mantenimiento. Lo importante es que esta persona pueda resolver fallas menores y coordinar soluciones para problemas mayores. Pero más allá de sus habilidades técnicas, debe cumplir tres requisitos clave:

1. **Confianza total**: tendrá acceso a la propiedad sin supervisión, incluso con huéspedes presentes. Es indispensable poder delegar con tranquilidad.
2. **Alta disponibilidad**: hay situaciones que ocurren en horarios incómodos: un sábado a las diez de la noche o en pleno feriado. Necesitas a alguien dispuesto a atender emergencias sin limitaciones rígidas de horario.
3. **Capacidad de resolución**: si no puede resolver algo, debe contar con una red de especialistas a quienes acudir. Un buen encargado nunca trabaja solo.

Además, es necesario que cada intervención quede documentada. Para cada arreglo se debe solicitar:

- Fotos del antes y el después.
- Factura del material y de la mano de obra.
- Breve descripción del trabajo realizado.

Esto cobra especial importancia si estás gestionando propiedades ajenas. La transparencia fortalece la relación con los propietarios. Cuentas claras, conservan amistades y clientes tranquilos.

Red de soporte técnico

Nadie puede hacerlo todo. Por eso, además del técnico principal, deberías tener a mano contactos confiables de:

- Electricista
- Plomero
- Técnico de aire acondicionado
- Exterminador
- Cerrajero
- Piscineros
- Jardineros

La persona encargada del mantenimiento no es una figura mágica. Hay tareas que requieren un especialista. Tener una lista de contactos lista para cualquier emergencia es una forma de anticiparse a los problemas.

Las tres categorías de mantenimiento

1. Mantenimiento de urgencia: cuando algo se daña con huéspedes en la propiedad —o justo antes de su llegada— no hay espacio para excusas. Hay que actuar rápido y bien. Se paga lo que haga falta. Ese aire acondicionado no puede esperar. El objetivo es proteger la experiencia del cliente, incluso si eso implica asumir un gasto imprevisto. Es mejor invertir $200 en una reparación inmediata que perder una reserva, una evaluación y tu reputación.

2. Mantenimiento preventivo: se realiza cada tres meses. Es como ir al médico antes de enfermarte. Así lo hacemos nosotros: visitamos la propiedad con «ojos de suegra». Sí, tal cual. Porque no hay mirada más minuciosa que la de una suegra crítica, y eso es justo lo que se necesita. Revisamos:

- ¿Hay manchas en las paredes?
- ¿Un rodapié suelto?
- ¿Un espaldar flojo?
- ¿Una lámpara que no enciende?

Se elabora una lista por habitación, con fotos si hace falta, y se envía al técnico. Él compra los materiales y deja todo resuelto en un solo día. ¿El mayor obstáculo? Cuando una propiedad tiene alta ocupación, cuesta encontrar el momento ideal. Pero si no bloqueas un día hoy, vas a terminar bloqueando tres dentro de seis meses. Es así de simple.

3. Mantenimiento general: este se realiza una vez al año, aprovechando el mes más flojo en reservas. En Florida, por ejemplo, septiembre es ideal. Aquí se hace una puesta a punto completa de la propiedad:

- Pintura total.
- Reemplazo de mobiliario o electrodomésticos desgastados.
- Instalación de nuevas amenidades (*jacuzzi*, parrillera, zona de descanso).
- Actualización de fotografías.
- Revisión profunda de sistemas eléctricos, fontanería, techos, etc.

Es el momento de reinvertir parte de las ganancias y elevar el estándar de la propiedad para el nuevo ciclo.

Consejos operativos para evitar dolores de cabeza

Más allá de la estrategia y los sistemas, hay detalles operativos que marcan una gran diferencia en el día a día. Son esos pequeños ajustes que, cuando se descuidan, generan caos... y cuando se hacen bien, te ahorran dolores de cabeza. Aquí te comparto algunos consejos simples pero poderosos que hemos aplicado con éxito en nuestra operación. Más que gastar en soluciones costosas, se trata de incorporar prácticas inteligentes que te den estabilidad y margen de maniobra.

- **Crea un grupo de WhatsApp**: con el encargado de mantenimiento, el equipo de limpieza y tú. Así todos están al tanto de entradas, salidas y necesidades.
- **Ten siempre dos o tres contactos de respaldo**: las personas también se enferman, viajan o tienen emergencias. Hay que estar preparado.
- **Aclara desde el inicio que este es un negocio que no se detiene por feriados**: habrá ocasiones en que tocará atender una urgencia el 24 de diciembre o un domingo por la noche. Es parte del compromiso.
- **Facilita el acceso**: si alguien debe ingresar a la propiedad con huéspedes dentro, asegúrate de que tenga instrucciones claras y un trato amable. La experiencia del cliente también depende de esos pequeños gestos.

Y lo más importante: mantén siempre una mentalidad de prevención, no de reacción. Porque en este negocio, lo que no revisas a tiempo, termina costando más caro.

Resolución de crisis y problemas con huéspedes

Tarde o temprano vas a encontrarte con un huésped que te saque de tu zona de confort. Puede ser alguien exigente, alguien que exagera una situación o una persona poco dispuesta a colaborar. Lo importante es entender que este tipo de casos forman parte del negocio.

No todos los clientes son fáciles. Algunos pondrán a prueba tu carácter, tu paciencia, tu capacidad de respuesta y tu compromiso con la hospitalidad. Pero si sabes cómo actuar, esos momentos pueden fortalecerte. Porque en Airbnb, las crisis no te destruyen, te definen.

Nunca pierdas la profesionalidad. Bajo ninguna circunstancia respondas con enojo, con sarcasmo o en un tono hostil. En esta plataforma todo queda registrado: cada mensaje, cada palabra, cada intento de solución. Y una mala reacción puede costarte mucho más que una mala reseña. Puede afectar tu reputación, provocarte una penalización, o incluso la cancelación de la cuenta. No vale la pena. Aquí no se trata de tener la razón. Se trata de sostener tu nombre, tu marca y tu reputación.

Los tres caminos ante un huésped difícil

En la academia enseñamos tres estrategias para lidiar con clientes demandantes. No se trata de «aguantarlo todo», sino de manejar la situación con inteligencia.

1. Ayúdalo genuinamente: aunque su reclamo te parezca exagerado, trata de ayudar. Esto es hospitalidad, y si puedes resolver el problema sin afectar tu negocio, hazlo. Tal vez se queja de que no hay más papel higiénico, o de que la ducha gotea. No subestimes esos detalles. Una respuesta rápida y amable desactiva muchas tensiones.

2. Cámbiale la voz de autoridad: hay personas que solo respetan cuando sienten jerarquía. Si tienes a alguien de tu equipo hablando con él y no hay avance, entra tú en escena como dueño del negocio.

Tenemos anécdotas donde la esposa del anfitrión recibe maltrato verbal del huésped. Entonces le dice: «Le voy a pasar con el señor Alberto, propietario del lugar». Y el señor Alberto es el mismo esposo. Lo increíble es que funciona. El huésped cambia el trato, baja el tono, porque sienten que ahora están ante «el que manda». Aunque sea un simple cambio de voz, la psicología de la jerarquía hace efecto.

3. Haz lo inesperado y devuélvele el dinero: si después de intentar ayudar y de cambiar el tono, el huésped sigue con exigencias irracionales o maltrato, aplica el plan C: Ofrécele cancelar la reserva y devolverle el resto del dinero. Esto los descoloca. Ellos creen que tú estás tan enfocado en no perder la ganancia, que no te atreverías a devolver nada. Entonces, cuando tú les dices: «Hemos hecho todo lo posible, pero no hemos logrado cumplir tus expectativas. Por eso, si lo deseas, puedes cancelar tu reserva y te devolvemos lo que resta».

Muchos reculan. ¿Por qué? Porque ahora tienen que buscar otra propiedad, volver a pagar limpieza, tasas de Airbnb y, además —en la mayoría de los casos— terminarán en un mal lugar o más caro. El costo del cambio los hace repensarlo. A menos que sea un problema grave como chinches, falta de agua o una emergencia real, la mayoría se queda y se calma.

Nunca canceles la reserva

Pon esto en letras rojas: «en Airbnb tú nunca cancelas una reserva». La cancelación siempre debe venir del huésped, incluso si tú estás dispuesto a reembolsar todo. De hecho, cuando se da ese escenario, tú le dices: «Podemos hacerte la devolución sin problema, pero necesito que seas tú quien cancele la reserva. Así evitamos penalizaciones injustas». Si no hay otra opción y decides cancelar recuerda que esto tiene consecuencias graves, te menciono algunas:

- Sube el ratio de cancelación lo que puede provocar que pierdas la categoría de *Superhost*.
- Airbnb puede penalizarte con hasta $500 por cada cancelación.
- Tu perfil queda marcado con la etiqueta «anfitrión que canceló».

- Bajas tu posicionamiento en el algoritmo.
- Rompes la confianza del huésped y del sistema.

Incluso, en casos extremos, hemos ofrecido una compensación adicional, como un gesto profesional. Si fue una falla grave de nuestra parte, hemos dado 500 o $1000 como reconocimiento por el mal rato. Eso demuestra nivel, ética y compromiso con la experiencia del huésped.

Los tres caminos para evitar una cancelación forzada

Ahora bien, ¿qué pasa si ocurre una crisis real en tu propiedad justo antes de la llegada del huésped? Por ejemplo, se rompió el aire acondicionado. Aquí tienes mis tres alternativas para evitar la cancelación:

1. Resuelve antes del *check-in*: llama al técnico, paga lo que haga falta y soluciona antes de que llegue el huésped. Esa es tu prioridad. A veces cuesta más, pero te ahorra un conflicto mayor.

2. Pide más tiempo y compensa: si no llegas a tiempo, llama al huésped y dile: «Estamos resolviendo una falla técnica. ¿Te parece bien dejar las maletas y salir a cenar mientras lo solucionamos? Te devolvemos la primera noche como cortesía». El 99 % acepta. La gente entiende que los imprevistos ocurren. Lo que no toleran es el abandono.

3. Reubícalo en otra propiedad: si la falla no se puede resolver ese día, búscale una propiedad igual o mejor. En nuestra comunidad, entre los más de 500 anfitriones, siempre encontramos a alguien cerca para cubrir emergencias. Coordina el transporte si es necesario. Lo importante es que el huésped no se sienta «tirado».

Y si la persona insiste en cancelar, vuelve al punto central: que lo haga él. Explícale que Airbnb no devuelve sus *fees* si tú cancelas, pero sí si lo hace él. Sé honesto, sé directo, pero, sobre todo, mantén el control del proceso.

Las crisis no son el fin del mundo, son parte del negocio. Pero si tú actúas con cabeza fría, protocolo y empatía, no solo las resuelves: las conviertes en oportunidades de crecer. En Airbnb, tu reputación vale más que cualquier ingreso de una noche. Y cada huésped, incluso el más difícil, es una oportunidad para demostrar tu nivel como anfitrión profesional.

Anécdotas de crisis resueltas con ingenio y consejos prácticos

En Airbnb, el día a día es impredecible. Puedes tener la mejor estructura, los mejores manuales y un equipo entrenado al milímetro y, aun así, algo se va a salir de control. Lo importante es aprender a resolver los problemas con cabeza fría, humanidad y velocidad. Aquí te comparto algunas anécdotas reales —vividas por mí o por miembros de nuestra comunidad— de Airbnb que muestran cómo se gana experiencia en la cancha.

1. Sábado en la noche, baño desbordado con desechos

Una vez, en un multifamiliar que tenemos en Miami con cuatro unidades activas, me llamó un cliente a las 10 de la noche: el inodoro estaba rebosando agua con desechos. Sí, así de literal. En ese momento había tres de las cuatro unidades ocupadas. Si cancelaba, podía perder hasta $10 000 entre devoluciones y malas evaluaciones.

¿Qué hice? Llamé a mi *handyman*. Él fue, pero no tenía la herramienta adecuada para resolver ese tipo de obstrucción. En cuanto se dio cuenta, contactó a un plomero especializado, que llegó con su máquina, destapó todo, limpió con guantes y dejó todo en orden.

¿Costó? Claro que sí: $500 del plomero y $300 del *handyman*. Pero fue una inversión. Porque perdonar una noche de hospedaje o recibir una mala evaluación me habría salido muchísimo más caro.

Lección: tener a alguien que responda a esa hora no es un lujo, es parte fundamental del negocio.

2. **La lección que me dio una bolsa de basura**

En mis inicios, fui demasiado flexible con el equipo de limpieza. Una señora me dijo: «Hoy no puedo ir, es el cumpleaños de mi sobrinito». Como no había reserva programada, la dejé pasar.

Esa misma noche entró una reserva de último minuto. No había tiempo de buscar a nadie. Tuve que ir yo. Limpié lo mejor que pude, pero se me quedaron detalles: una bolsa de basura, un baño a medias, una cama mal tendida. El huésped se fue molesto y dejó una evaluación malísima.

Lección: Airbnb no espera. La propiedad debe dormir limpia siempre, con o sin reserva programada.

3. **La señora fracturada**

Una señora mayor reservó uno de nuestros espacios. Durante una excursión se fracturó un pie. Le quedaban cuatro días de estancia y no quería irse. Le conseguimos una silla de ruedas, contratamos un restaurante que le enviaba desayuno, almuerzo y cena, y el día de su vuelo yo mismo la llevé al aeropuerto, la subí al carro y la acompañé hasta la entrada.

Quiso dejarme $500 de propina. Le dije que no hacía falta. Pero esa experiencia la marcó tanto que nos dejó una evaluación maravillosa y recomendó la propiedad por todas partes.

Lección: ir a la milla extra no es servicio al cliente, es humanidad. Y eso también deja cinco estrellas.

4. La cucaracha en el bolsillo

Esta historia me da un poco de vergüenza, pero al mismo tiempo mucha risa y creo que ilustra un punto importante, por eso se la contaré. En mi primer Airbnb, ubicado en La Habana, yo mismo recibía a los huéspedes. Todo estaba impecable. Pero justo cuando iba a mostrarle la habitación a una pareja de americanos, vi una cucaracha moribunda en el piso.

No había tiempo de dar explicaciones ni de culpar al vecino de al lado, que tenía poca higiene. La recogí con disimulo y la metí en el bolsillo. Luego me lavé las manos con medio frasco de alcohol, pero lo importante fue que nadie notó nada. El *check-in* fue un éxito. La estadía también. Y esa evaluación de 5 estrellas en Airbnb fue uno de los primeros ladrillos a lo que hoy es un negocio de 7 cifras al año.

Lección: a veces, lo único que tienes es tu velocidad de reacción. Y eso, bien usado, salva la experiencia.

5. El huésped que nos dejó una estrella por venganza

Un cliente invitó a personas no registradas. Uno de sus invitados se llevó un objeto de la propiedad. Lo reclamamos de forma respetuosa y le hicimos el cargo. En venganza, nos dejó una evaluación de una estrella, llena de comentarios absurdos: «La flor estaba medio marchita» o «la casa era más oscura de lo que parecía».

Nosotros también le dejamos una estrella a él, explicando que rompió las reglas, trajo personas externas y no colaboró con la resolución. Meses después, me llamó para hacer «las paces» y me confesó algo que me marcó: «Desde que me dejaste esa evaluación, nadie más ha querido aceptarme como huésped».

Lección: las evaluaciones importan. No solo para ti, también para el huésped. Ser justo protege a toda la comunidad.

6. Pancho y la habitación que lo ayudó a comenzar su imperio en Airbnb

Pancho es un gran amigo que empezó con una habitación modesta, en un barrio complicado, con muebles que no combinaban, una ducha eléctrica que a veces daba corriente, y sin muchos recursos. Le presté sábanas, dinero para pulir el piso y lo animé a empezar. Y Pancho se enfocó en lo que más importa: la experiencia de sus huéspedes.

Recibía a los huéspedes con un trago de ron, les ofrecía tabaco cubano, les daba *tours* por la ciudad, les cambiaba dinero a buen precio, les organizaba transporte y el desayuno de cada mañana lo cocinaba su propia madre. ¿Resultado? Cinco estrellas constantes durante seis años. Hoy Pancho tiene tres propiedades con calendarios abarrotados de reservas en Airbnb y vive cómodamente de este negocio.

Lección: no necesitas lujo para empezar. Necesitas calidez, estructura y compromiso. La hospitalidad bien hecha vence hasta a la ubicación de la propiedad.

Cada momento difícil que superas se transforma en parte de tu reputación. Y cada solución creativa que implementas refuerza tu autoridad como anfitrión. En Airbnb, el que resuelve bien, crece. Y el que crece, deja de improvisar para empezar a construir algo grande. Porque esto no es un negocio de diseño; es un negocio de ejecución.

Hasta aquí llegamos con una parte que pocos te cuentan: lo que sucede detrás del anuncio. La limpieza que no perdona errores, el mantenimiento que sostiene el negocio, las crisis inesperadas, las conversaciones incómodas, el huésped que no responde, el que se queja sin razón y también el que te agradece con lágrimas en los ojos. Este capítulo no trató solo de tareas operativas. Hablamos de compromiso.

Porque puedes tener la propiedad más bonita del barrio, con fotos espectaculares, precio competitivo y las mejores intenciones, pero si no tienes estructura, un sistema sólido y un equipo que responda, el negocio no se sostiene.

Y créelo, el huésped lo percibe. Porque la diferencia entre una estadía aceptable y una experiencia inolvidable está en los detalles que no se ven: en el baño impecable, en la solución rápida, en la flor bien colocada, en el mensaje enviado justo a tiempo, y sobre todo en la actitud que mantienes cuando todo parece complicarse.

En el próximo capítulo veremos cómo destacar en Airbnb sin necesidad de bajar los precios. Aprenderás que tu anuncio no es solo un requisito técnico, sino tu mejor vendedor: trabaja 24/7, habla por ti y puede marcar la diferencia entre una reserva más o una cancelación silenciosa. Vamos a repasar cómo estructurar un anuncio que convierte, qué errores evitar y qué detalles invisibles elevan tu propuesta por encima del promedio. También exploraremos estrategias prácticas para posicionarte mejor en los resultados de búsqueda y conectar con públicos específicos sin aumentar tus costos. Porque en este negocio, diferenciarse no siempre significa invertir más, significa tomar decisiones más inteligentes.

De la teoría a la acción: tu propiedad merece funcionar como un reloj

Este capítulo te mostró algo que muchos subestiman: el éxito de un Airbnb también se construye con limpieza impecable, mantenimiento constante y un sistema de trabajo que funcione, aunque tú no estés presente. Ahora es momento de llevar ese conocimiento al terreno práctico. Estés comenzando o ya tengas experiencia, estas preguntas te van a ayudar a elevar tu estándar operativo:

1. **¿Tienes claro cuál sería el estándar de limpieza que esperas ofrecer?**

2. **¿Quién sería tu persona de confianza para la limpieza o el mantenimiento?**

3. **¿Tienes una estructura mínima para supervisar y documentar el trabajo operativo?**

4. ¿Cómo responderías si tuvieras una emergencia con huéspedes hoy?

No estás aquí para copiar modelos ajenos ni para competir por precio. Estás aquí para construir una experiencia única, auténtica y memorable. Porque cuando el huésped se lleva más que una estadía —cuando se lleva un recuerdo—, entonces sí, estás haciendo las cosas bien.

En el siguiente capítulo vamos a meternos de lleno en un punto clave: cómo crear el anuncio perfecto. Porque tu propiedad puede ser espectacular, pero si no sabes mostrarla, nadie la va a reservar. Vamos a ver paso a paso cómo escribir títulos que detengan el *scroll*, cómo elegir las fotos que enamoran, cómo contar tu historia de forma auténtica y cómo llenar cada campo de la plataforma con intención. Vas a aprender a construir un anuncio que informa y sobre todo vende. Uno que trabaje por ti las 24 horas, los siete días de la semana. Porque no necesitas ser experto en *marketing*, solo necesitas seguir un sistema probado. Te lo comparto todo, nos vemos ahí...

CAPÍTULO VII

Diferenciarse o desaparecer

No tengas miedo de ser diferente.
Ten miedo de ser igual que todos los demás.
Peter Thiel, cofundador de PayPal

Cuando empecé en Airbnb, creía que bastaba con tener una propiedad bonita y atender con amabilidad. Pero muy pronto descubrí una verdad incómoda: no gana el alojamiento más bonito ni el anfitrión más simpático, gana quien sabe moverse con estrategia. Porque en esta plataforma, diferenciarse no es una opción, es una necesidad. Si no logras destacar, te vuelves invisible. Y si nadie te ve, nadie te reserva.

Este capítulo no busca que repitas lo que hacen todos ni que compitas bajando precios. Busca enseñarte a jugar otro juego: el de crear una experiencia auténtica, memorable, que se quede grabada en la mente —y en el corazón— del huésped. Cuando consigues eso, no solo te eligen una vez; te recomiendan, te recuerdan y regresan.

Vamos a recorrer juntos los trucos, estrategias y detalles que transforman una propiedad común en la preferida de la plataforma. Todo lo que te comparto aquí lo aprendí en la práctica y lo hemos validado con cientos de propiedades. No hay fórmulas mágicas, pero sí hay caminos probados. Y hoy están a tu alcance.

Tu anuncio es tu primer embajador: ¿cómo crear el anuncio perfecto?

Tu anuncio en Airbnb es como el perfil de LinkedIn de tu propiedad. Es su carta de presentación, su vitrina pública, la primera impresión que genera ante miles de personas que navegan en busca de un lugar especial. Así como un profesional cuida su foto, elige palabras clave, destaca logros y transmite confianza para atraer oportunidades, tu propiedad también necesita mostrarse con intención, personalidad y estrategia.

Pero hay algo más: tu anuncio también es tu mejor vendedor. Ese que no duerme, no cobra sueldo y está activo las 24 horas, los siete días de la semana. Da igual si es lunes o domingo, si llueve o hay un ciclón: ahí está, mostrándole al mundo por qué tu espacio vale la pena. Ahora bien, si ese vendedor está mal vestido, repite lo mismo que todos o no sabe hablar... nadie le va a comprar.

Por eso, si tu anuncio no está optimizado, si tiene fotos mediocres, descripciones confusas o campos incompletos, no solo deja de vender: te hace perder oportunidades. Porque en Airbnb, lo que se ve... se reserva. Y lo que se presenta con estrategia, se multiplica.

Los cinco pilares de un anuncio que convierte

Un buen anuncio no se improvisa. Detrás de cada reserva exitosa hay una serie de elementos que influyen de forma directa en la decisión del huésped. Las fotos, el título, la descripción, los campos internos y el tono que usas son elementos claves para que tu propiedad no pase desapercibida. Cuando estos cinco pilares se trabajan con intención, el anuncio no solo informa: seduce, conecta y vende.

1. Las fotos

Este es uno de los errores más comunes: fotos oscuras, desordenadas, tomadas con el celular y sin coherencia. La imagen principal (la que yo llamo «la foto héroe») debe mostrar lo más atractivo de tu propiedad, algo que detenga el *scroll* y despierte deseo. Por ejemplo:

- Una piscina iluminada al atardecer.
- Una pareja brindando con vino.
- Un fogón encendido.
- Una terraza con vista.

Evita subir cinco fotos iguales al comienzo (como cinco de la sala o de una habitación). Eso cansa y no aporta valor. Usa las primeras cinco como una galería de impacto, y luego ordena el resto como si fuese un recorrido guiado por la casa: desde la entrada, pasando por cada ambiente, hasta cerrar con imágenes del entorno (playa, parque, ciudad, etc.).

Lo ideal es incluir tres o cuatro fotos por área. En el caso de los baños, una o dos por espacio es suficiente. Y si ofreces servicios adicionales, como cenas privadas, experiencias o paquetes románticos, podrías añadir estas imágenes promocionales al final.

2. El título

Tienes 40 caracteres. Y aunque parezca poco, bien usados pueden marcar la diferencia entre que te elijan o te ignoren. No desperdicies ese espacio con títulos genéricos como «El Hostal María» o «Apartamento en Miami». Eso no dice nada. No emociona ni se destaca.

Tu título debe combinar lo mejor de tu propiedad con palabras clave que respondan a lo que busca el huésped.

Por ejemplo:

«Family Paradise • Piscina • BBQ • 10 min playa»

Este tipo de título informa y conecta. En pocas palabras, transmite valor, estilo de vida y ubicación. Si tu alojamiento tiene una temática clara —romántica, industrial, rústica, tropical, *gamer*, entre otras—, hazlo notar desde ahí.

Puedes incluir uno o dos emojis si encajan con el tono y refuerzan el mensaje. No abuses, pero úsalos con intención. Un corazón, una palmera, una llama o una copa pueden aportar dinamismo visual. Recuerda: el objetivo es que quien lee se detenga, imagine y haga clic. El título no vende por sí solo, pero sí abre la puerta.

3. La descripción

La mayoría de los anfitriones subestima esta parte, pero la descripción es donde el huésped confirma si tu propiedad cumple con lo que busca. No escribas párrafos largos ni aburridos. Lo ideal es dividir la información en dos bloques: claridad práctica y conexión emocional.

a) *Bullet points* esenciales

Empieza con una lista concreta que muestre los beneficios clave de tu propiedad. Esto permite al lector escanear la información de forma rápida y tomar decisiones más seguras:

- 3 habitaciones / 2 baños.
- Estacionamiento privado.
- Cafetera con cápsulas incluidas.
- Limpieza profesional.
- A 10 minutos de la playa.

Este formato ordenado comunica valor y funcionalidad. Evita frases genéricas como «totalmente equipada» o «ideal para familias». Sé específico.

b) *Storytelling* o sobre «Nuestra historia»

Aquí entra el corazón del anuncio. Es el espacio donde puedes contar una breve historia sobre la propiedad, su proceso de transformación o lo que la hace especial. No hace falta escribir una novela. Basta con una anécdota real que humanice el alojamiento y cree empatía con el huésped.

Ejemplo: «Esta propiedad fue nuestro primer proyecto en familia. Remodelamos cada rincón con dedicación, buscando equilibrio entre comodidad, diseño y calidez. Cada detalle tiene una razón, y nos encanta compartir este espacio con personas que valoran lo auténtico.»

Ese tipo de narrativa genera conexión. Y cuando el huésped conecta, reserva.

4. Las secciones internas

Airbnb ofrece campos específicos que muchos anfitriones dejan vacíos o completan sin cuidado. Sin embargo, estos apartados son fundamentales tanto para el algoritmo como para el huésped. Si los llenas con intención y precisión, mejoras tu visibilidad y generas confianza desde el primer vistazo.

Pon atención a los siguientes campos:

- Tipo de propiedad.
- Acceso del huésped.
- Interacción con el anfitrión.
- Amenidades.
- Medidas de seguridad.
- Ubicación precisa.
- Normas de la casa.

Rellénalos todos. No repitas lo que ya dijiste en la descripción principal. Sé concreto y específico. Este es el momento de mostrar profesionalismo, anticiparte a las dudas del huésped y destacar lo que hace especial tu espacio.

Ejemplo: en vez de escribir «cocina equipada», puedes detallar: «Cocina con horno eléctrico de seis hornillas, licuadora de alta potencia, cafetera italiana y vajilla completa para seis personas». También puedes colocar la marca de la cocina y de los artículos de la línea blanca.

El detalle vende. Y además, el algoritmo lo premia. Cuanto más clara y completa sea la información, más alto aparecerás en los resultados de búsqueda.

5. El tono

No escribas como un robot. Tampoco uses frases genéricas que suenan iguales en todos los anuncios. En Airbnb, las personas quieren sentir que detrás del alojamiento hay un ser humano: alguien confiable, simpático, profesional y con buena disposición para ayudar.

Tu tono debe reflejar eso. Si tu propiedad tiene una temática clara o una historia personal detrás, intégrala. La autenticidad conecta.

Ejemplo creativo: un anfitrión en Tennessee decoró su propiedad con temática de Bigfoot. Se tomó fotos disfrazado del personaje, tomando café y asando carne. ¿El resultado? Ocupación casi total. ¿Por qué? Porque fue diferente. Fue memorable.

No necesitas ponerte un disfraz, pero sí puedes crear una identidad definida. Un estilo, una voz, algo que haga que tu anuncio no pase desapercibido.

Errores comunes a evitar

- **Configurar mal el precio por huésped adicional**: una anfitriona colocó un precio base de 500 dólares y también 500 por cada persona extra. Resultado: la plataforma mostraba precios absurdos. Nadie reservaba. Siempre revisa esa configuración con cuidado.
- **Aceptar huéspedes no verificados**: no lo hagas. Airbnb tiene la opción de que los viajeros se verifiquen en la plataforma. Mantén esa opción activa. Así evitas malos ratos, fraudes y complicaciones innecesarias.
- **No actualizar la disponibilidad**: mantén tu calendario abierto con al menos 6 a 12 meses visibles. La plataforma favorece los anuncios activos. Aunque no tengas fechas exactas, mostrar disponibilidad constante te mantiene en los primeros resultados.

Tu anuncio no es solo un requisito técnico. Es tu primera oportunidad para enamorar. Cada palabra, cada imagen y cada campo que completes debe responder esta única pregunta: «¿Esto ayuda a que el huésped me elija a mí en lugar de a otro?». Si la respuesta es sí, déjalo. Si no, mejóralo. Porque quien sabe construir un buen anuncio, ya dio el primer paso para diferenciarse.

Otras vías para aumentar el *ranking* de búsqueda

A esta altura del libro ya sabes que, para que tu Airbnb sea rentable, el objetivo es ocupar la mayor cantidad de noches posible al mejor precio que puedas sostener. Ese es el mantra. Y para lograrlo, no basta con tener una propiedad bonita ni con ser amable. Hay que moverse con inteligencia dentro de la plataforma, comprender cómo funciona el algoritmo y aplicar estrategias diferenciadoras que te den ventaja frente a otros anfitriones.

Aquí te comparto algunas acciones concretas —probadas por mí y por muchos de mis estudiantes— que te ayudarán a posicionarte mejor sin tener que bajar precios ni recurrir a promociones desesperadas.

1. **Activa todas las amenidades posibles (sobre todo las de seguridad)**

Nadie quiere quedarse en un lugar que parezca improvisado o poco confiable. Completa todas las amenidades disponibles en el anuncio, en especial las relacionadas con la seguridad:

- Detector de monóxido de carbono.
- Detector de humo.
- Extintor.
- Botiquín de primeros auxilios.
- Alarmas para puertas traseras.
- Cercas alrededor de piscinas.

Estos elementos no solo protegen a los huéspedes, también mejoran tu reputación como anfitrión responsable. Además, son clave para atraer a uno de los segmentos más fuertes de la plataforma: las familias. Airbnb premia a quienes brindan seguridad, claridad y profesionalismo desde el inicio.

2. **Hazlo «*kid-friendly*» con intención**

Si tu propiedad está pensada para recibir familias, adapta cada detalle con intención. Muchos anfitriones dicen que aceptan niños, pero pocos se preparan de verdad para recibirlos. Esa es tu oportunidad de destacar.

Incluye elementos funcionales que transmitan cuidado y seguridad:

- Cuna portátil.
- Silla alta para comer.

- Protectores para esquinas de mesa.
- Traba para cajones o ventanas.
- Libros o juguetes pequeños.
- Bañera inflable.

Estos detalles no solo suman valor visual, también te posicionan como opción preferente para padres y madres que filtran los anuncios por necesidades familiares. Recuerda: en Airbnb, muchas reservas se definen por una sola frase en el filtro de búsqueda. Y si demuestras que pensaste en los más pequeños, estás pensando también en quienes deciden.

3. Permitir mascotas (pero con estrategia)

Muchos anfitriones rechazan mascotas por temor a daños, pelos o malos olores. Y sí, esos riesgos existen. Pero con organización, puedes convertir ese temor en una ventaja competitiva. Ser una propiedad «pet-friendly» te abre a un segmento de viajeros que valora poder viajar con su compañero de cuatro patas.

Aquí van algunas ideas simples:

- Crea un área especial para mascotas en el jardín o patio: césped, bolsas sanitarias y un contenedor visible.
- Ten disponible una jaula limpia y cómoda, en caso de que el huésped necesite dejar a su mascota por un momento.
- Incluye platos exclusivos para comida y agua.
- Deja claras las reglas de convivencia: por ejemplo, no permitir que suban al sofá o que entren al dormitorio principal.

Dato curioso: el fundador de Airbnb aparece en redes sociales junto a su perro en muchas de sus publicaciones. No es casualidad. La plataforma favorece, de forma sutil pero real, a los espacios que aceptan mascotas.

Si te anticipas a las necesidades de ese tipo de huésped, ganas visibilidad y reservas.

4. Área designada para fumadores (exterior)

No permitas fumar dentro de la propiedad. Nunca. Pero sí puedes ofrecer una zona específica al aire libre para quienes lo necesiten. Esto evita conflictos, reduce riesgos y amplía tu alcance hacia un público que, en muchos casos, es descartado por otros anfitriones.

Prepara un espacio sencillo pero funcional:

- Un cartel claro indicando que es área para fumadores.
- Un cenicero grande o contenedor adecuado.
- Una banqueta o mesita de exterior.

Al marcar límites sin excluir, mantienes el orden y aumentas tus posibilidades de reserva.

5. Activar grabaciones comerciales (con precaución)

Airbnb permite habilitar tu propiedad para usos comerciales como sesiones de fotos, grabaciones o creación de contenido. En mi caso, marco siempre esa opción. Me han tocado viajeros que graban videos de viajes, creadores de contenido, incluso marcas. Y todo ha salido bien.

Ahora bien, hay algo que debes saber: al activar esa opción, también se habilita legalmente la posibilidad de que tu espacio sea usado por productoras de cine adulto. No me ha pasado, pero es un riesgo real.

Mi consejo es claro: actívalo solo si estás dispuesto a asumir ese tipo de escenarios. Y si tienes dudas, mejor no lo marques. En este punto, vale más la claridad que la curiosidad.

6. Hazlo accesible e inclusivo

Esto lo tengo muy presente por mi tío Héctor, que está en silla de ruedas desde los 28 años. Si tu propiedad es de un solo nivel, tienes una gran oportunidad: adaptarla para personas con movilidad reducida. Es una acción sencilla que genera gran impacto.

Agrega elementos que hagan la experiencia más cómoda y segura:

- Rampas o entradas sin escaleras.
- Puertas de más de 81 centímetros.
- Estacionamiento reservado.
- Baño con agarraderas.
- Espacios amplios para maniobrar sillas de ruedas.

Airbnb cuenta con una sección específica para marcar estas características. Muy pocos anfitriones lo hacen. Por eso, quien sí lo hace, se diferencia al instante.

7. Política de cancelación flexible (al principio)

Cuando estás comenzando y necesitas tus primeras diez reservas, no impongas condiciones estrictas. La política de cancelación flexible genera confianza, y eso se traduce en más clics y más conversiones. Después, cuando ya tengas varias evaluaciones positivas, puedes cambiar a una política más firme. Pero al principio, conviene facilitarle el paso a quien aún no te conoce.

8. Toca tu anuncio cada semana

Airbnb valora la actividad. No necesitas rehacer todo el anuncio. Con que edites una palabra, reorganices fotos o ajustes una tarifa, ya cuenta como actualización.

***Tip* práctico:** hazlo los miércoles o viernes. No te tomará más de cinco minutos y te mantendrás en el radar del algoritmo.

9. Habilita noches sueltas al doble de precio

Si entre dos reservas te queda una sola noche libre, no la bloquees. Actívala, pero con una tarifa más alta. Alguien que necesita solo esa noche la puede pagar sin problema. Y tú ganas más sin afectar tu calendario.

10. Pide «wishlist» a tu comunidad

El botón del corazón en Airbnb es más poderoso de lo que parece. Cuantas más personas marcan tu anuncio como favorito, más visibilidad ganas. Comparte el enlace de tu propiedad con amigos, familiares o en redes, y pídeles que lo agreguen a sus listas de deseos. Es gratuito, sencillo y muy efectivo.

11. Haz tu propiedad *instagrameable*

Hoy más que nunca, las redes sociales son un gran potenciador para cualquier negocio. Si tu espacio invita a tomarse fotos, los huéspedes lo van a compartir. Eso se traduce en visibilidad sin necesidad de gastar en publicidad.
Ideas que funcionan:

- Una pared con una frase luminosa.
- Un mural pintado a mano.
- Un rincón con luces cálidas y diseño bohemio.
- Una bañera *vintage*.
- Un columpio interior o detalles creativos.

Incluye tu usuario de redes sociales en un lugar visible. Así, cuando te etiqueten, también ganas promoción directa. En Airbnb, el *ranking* no se compra: se construye con estrategia. Cada una de estas acciones —por pequeña que parezca— te acerca a aparecer más arriba, tener más reservas y generar mayores ingresos. Y lo mejor: muchas no cuestan dinero. Solo requieren decisión, constancia y visión.

Secretos para obtener *reviews* 5 estrellas

La ocupación te da ingresos. Pero las evaluaciones te dan reputación. Y en Airbnb, la reputación lo es todo. Puedes tener una casa espectacular, pero si tus *reviews* son regulares, el algoritmo te empuja hacia abajo. En cambio, si recibes evaluaciones consistentes de cinco estrellas, tu anuncio sube, tu visibilidad crece y las reservas llegan solas.

Una experiencia inolvidable no ocurre por accidente: se construye desde antes del *check-in* hasta después del *check-out*. Aquí te comparto algunas acciones clave para lograr evaluaciones sobresalientes, incluso desde tus primeras reservas:

- ***Checklist* emocional y técnico**: asegúrate de que el huésped reciba todo lo prometido, más un detalle extra. Una nota escrita a mano, una bebida fría en la nevera o una guía impresa con recomendaciones marcan la diferencia.
- **Manual digital y físico**: incluye instrucciones claras para usar el wifi, el aire acondicionado, las llaves, la TV y cualquier otro dispositivo. Agrega una lista de lugares cercanos que valgan la pena visitar.
- **Permite más personas que tu competencia (sin sobrecargar)**: agrega un sofá cama o un colchón inflable en el clóset, siempre y cuando no sacrifiques la comodidad. Esto amplía tu alcance y te hace aparecer en más filtros de búsqueda.
- **Actualiza tu anuncio cada semana**: modifica el precio, reorganiza las fotos o ajusta una frase. Así el algoritmo nota tu actividad y te posiciona mejor.
- **Comparte tu anuncio en redes y pide *wishlist***: pásale el enlace a amigos, familiares o conocidos y pídeles que lo marquen como favorito. Cuantos más lo agreguen, más visibilidad gana tu anuncio.
- **Haz tu propiedad *instagrameable***: una frase luminosa en la pared, un mural con estilo o una zona fotogénica con buena iluminación invitan al huésped a compartir

su experiencia. Y si te etiqueta, se convierte en promoción gratuita.

- **Auditoría amistosa**: si Airbnb te pide aplicar un 20 % de descuento en tus primeras reservas, aprovecha esa oportunidad. Organiza estadías con personas de confianza, que vivan la experiencia completa, te den retroalimentación real y, si todo salió bien, dejen una evaluación honesta de cinco estrellas. No se trata de hacer trampa, sino de afinar tu propuesta desde el comienzo.

No estás vendiendo solo una cama. Estás ofreciendo una experiencia. Y cuando comprendes eso desde el inicio, tu negocio comienza a crecer con reseñas que hablan por ti. Una evaluación de cinco estrellas no se consigue por azar: se construye con estrategia, desde antes del *check-in* hasta después del *check-out*. Si aplicas estos principios con constancia llenarás tu calendario y desarrollarás algo mucho más poderoso: una reputación sólida que te diferencia sin necesidad de competir por precio.

Diferenciación auténtica vs. precios bajos

Diferenciarse no significa bajar precios hasta perder dinero. Significa crear una experiencia distinta, inolvidable. Si haces lo mismo que todos —fotos oscuras, muebles de segunda mano, reglas poco claras— obtendrás lo mismo: evaluaciones mediocres y baja ocupación.

Tu misión no es ser el más barato, sino el más deseado de tu categoría. ¿Cómo lograrlo?

- Ofrece lo que nadie más ofrece.
- Comunica lo que los demás callan.
- Cuida cada detalle como si fueras tú quien se hospeda.

Así lograrás que el huésped se vaya con la sensación de haber recibido más de lo que pagó. Y esa es la fórmula para que vuelva.

Si llegaste hasta aquí, ya entendiste que competir por precio es la salida más fácil y también la más cara a largo plazo. Porque cuando bajas tarifas sin estrategia, sacrificas tiempo, esfuerzo, paz y rentabilidad. Peor aún: te vuelves reemplazable. Pero si aplicas todo lo que viste en este capítulo —desde cómo crear un anuncio poderoso hasta cómo usar los primeros quince días como trampolín— empiezas a jugar otro juego. Ya no compites con cualquiera. Porque tu propiedad, tu servicio y tu marca personal tienen identidad. Tienen alma. Y eso, amigo, no tiene precio.

En Airbnb, lo que se ve, vende. Pero lo que se gestiona con inteligencia, se multiplica. Te toca decidir si quieres ser uno más del montón o el referente de tu zona. Diferenciarte no es un lujo, es una estrategia. Y lo mejor: se aprende, se entrena, se mejora.

En el próximo capítulo vamos a dar un paso más grande. Ya no se trata solo de operar bien tu propiedad, se trata de comenzar a pensar como empresario. Vamos a explorar cuándo es el momento adecuado para escalar tu portafolio, cómo construir un equipo sólido con asistentes virtuales, agentes inmobiliarios y gestores de propiedad, y de qué forma las redes sociales pueden convertirse en una herramienta poderosa para potenciar tu marca. También hablaremos de diversificación, abriendo las puertas a otras plataformas más allá de Airbnb, y lo más importante: cómo crecer sin perder calidad ni control, con visión de futuro y herramientas para delegar desde lo estratégico. Porque un Airbnb bien gestionado no es el destino final, es el primer peldaño hacia una verdadera libertad financiera. Y quiero ayudarte a construir ese camino.

De la teoría a la acción: que tu Airbnb no pase desapercibido

Ahora es momento de mirar tu anuncio y tu experiencia como afitrión con ojos críticos y creativos. Estas preguntas te ayudarán a afinar tu propuesta y convertir tu propiedad en una de las más deseadas de la plataforma:

1. **¿Tu anuncio actual transmite algo único o se parece al de todos los demás?**

2. **¿Qué podrías mejorar hoy en tus fotos, título o descripción para captar más atención?**

3. **¿Qué detalle memorable podrías agregar para que el huésped te recuerde y recomiende?**

4. ¿Tu propiedad tiene identidad propia o necesita un concepto más claro y coherente?

En el próximo capítulo vamos a dar un salto clave: pasar de anfitrión a empresario. Aprenderás cómo escalar sin perder el control, cómo formar un equipo sólido, automatizar procesos y usar herramientas que te permitan crecer con inteligencia. Porque la verdadera libertad no viene de tener muchas propiedades, sino de saber gestionarlas con visión empresarial.

CAPÍTULO VIII

De anfitrión a empresario

Si quieres construir algo grande,
trabaja con gente que comparta tu visión.
Solo, no llegarás lejos.
Jeff Bezos, fundador de Amazon

Escalar es una palabra que entusiasma a muchos, pero que solo algunos entienden de verdad. Porque en los negocios —como en la vida— no se trata de hacer más por hacer, sino de crecer con estructura. En Airbnb, ese salto ocurre cuando dejas de ser un anfitrión operativo y comienzas a pensar como empresario. Este capítulo es para quienes ya pasaron la etapa de prueba y están listos para jugar en otra liga: con visión, equipo y sistemas que sostengan el crecimiento.

En las páginas anteriores recorrimos los fundamentos: cómo montar tu anuncio, qué hacer para diferenciarte, cómo lograr *reviews* de cinco estrellas y por qué no debes competir solo por precio. Pero si has aplicado todo eso y tu primer alojamiento ya camina solo —recibe reservas, obtiene buenas reseñas y tú lo gestionas con soltura— entonces llegó el momento de preguntarte: ¿y ahora qué?

Este capítulo no viene a prometer resultados instantáneos. Viene a mostrar lo que funciona cuando se trabaja con enfoque, criterio y visión a largo plazo. Vamos a hablar de cuándo y cómo escalar tu portafolio, cómo formar un equipo que te libere del día a día, cómo automatizar tu operación y cómo usar las redes sociales como motor de crecimiento. Porque escalar no se trata solo de sumar propiedades: se trata de construir un negocio real, rentable y sostenible. Un negocio que funcione incluso cuando tú no estás presente.

Aumentar el portafolio: crecer con inteligencia

Después de lanzar tu primer Airbnb y dominar la operación básica, surge una pregunta natural: ¿cuándo estoy listo para escalar? La respuesta no está en la cantidad de propiedades que puedes asumir, está en la calidad con la que gestionas lo que ya tienes.

Estás listo para escalar cuando dominas el análisis de zonas, sabes cómo decorar y preparar un alojamiento para lanzarlo con estrategia en la plataforma y has gestionado el ciclo completo: desde la reserva hasta la evaluación de cinco estrellas. Solo entonces tiene sentido dar el salto al siguiente nivel. Y eso también implica reconocer cuándo aún no es el momento. Si todavía estás apagando fuegos, resolviendo quejas o ajustando procesos básicos, la mejor decisión es consolidar antes de crecer. Escalar sin estar preparado puede convertirse en el error más costoso.

Crecer no significa solo comprar más inmuebles. Significa entender el momento adecuado, tener procesos optimizados y tomar decisiones estratégicas que te permitan sostener el crecimiento sin perder control ni calidad. Además, debes reconocer que hay varias formas de aumentar tu portafolio. Puedes comprar, subarrendar o gestionar propiedades de otros. Cada modelo tiene sus ventajas y riesgos. Lo importante es entender que no necesitas capital millonario para escalar: necesitas conocimiento, criterio y confianza.

Así fue mi camino. Al principio, yo no compré propiedades. Empecé gestionando espacios de otras personas, llevando reservas, creando valor con lo que sabía hacer: presentar bien un anuncio, mejorar la limpieza, optimizar la comunicación. Y con el tiempo, fui invirtiendo en mis propios inmuebles. Fui creciendo por tramos, aprendiendo en el proceso y evitando quemarme.

Siempre lo he dicho: el crecimiento en Airbnb no es lineal ni tiene una sola fórmula. Lo ideal es construir un patrimonio propio, pero puedes comenzar apalancándote en la confianza de otros. Mientras hagas bien el trabajo, el negocio te dará nuevas puertas para abrir.

Escalar con inteligencia es saber cuándo dar el salto, con qué tipo de propiedad y bajo qué modelo. Es medir bien tus números, automatizar procesos y, sobre todo, mantener la calidad de experiencia que ya construiste en tu primer espacio. Porque más propiedades no significan más éxito, si no están bien gestionadas.

Construir equipo: delegar para crecer

Escalar un negocio de Airbnb no se trata solo de sumar propiedades, se trata de sostener calidad mientras creces. Y llega un punto en el que, por más energía o disciplina que tengas, no puedes hacerlo todo tú solo. Si quieres avanzar, necesitas delegar. Ahora bien, para delegar tienes que formar un equipo que comparta tu visión, tu ética de trabajo y tu compromiso con la excelencia.

El primer paso es reconocer tus puntos de saturación: ¿Te quitan tiempo las limpiezas? ¿Sientes que pasas horas respondiendo mensajes? ¿Te cuesta resolver imprevistos con rapidez? Ahí es donde necesitas reforzar.

Uno de los pilares del crecimiento es contar con un buen ***co-host o property manager***: esa persona debe convertirse en tu mano derecha: alguien que conozca el negocio, actúe con autonomía y se encargue del día a día de tus propiedades. Desde coordinar limpiezas hasta manejar quejas o urgencias, este perfil es clave a partir de cinco o seis alojamientos. Su compensación suele basarse en un porcentaje de las ganancias, ajustado al nivel de responsabilidad que asuma. Puede encargarse solo de lo operativo, o tomar el control completo. Pero lo fundamental es que entienda que no está vendiendo una cama, estás ofreciendo una experiencia.

El segundo rol estratégico es el de **la asistente virtual**. Cuando operas varias propiedades, la atención al huésped se vuelve un trabajo en sí mismo. Una buena asistente se encarga de responder mensajes, filtrar solicitudes y dar seguimiento oportuno, mientras tú te concentras en el crecimiento del negocio. En mi caso, suelo trabajar con personas de Latinoamérica —especialmente mujeres con gran capacidad comunicativa, buena conexión a internet y dominio del inglés— que ven en esta oportunidad algo más que un ingreso: ven dignidad, autonomía y estabilidad.

Muchas son madres que trabajan desde casa, y este tipo de empleo les permite estar presentes en la crianza de sus hijos mientras generan ingresos muy superiores a los promedios de sus países. Para ellas, 500 dólares mensuales no solo representan una mejora económica: significan libertad, autoestima y proyección. Y para mí, representa trabajar con personas comprometidas, agradecidas y profesionales. Esta relación no es una ventaja unilateral: es un acuerdo de mutuo beneficio. Un modelo de colaboración que dignifica, multiplica y transforma vidas desde ambos lados de la pantalla.

Tu equipo debe completarse con una compañía de limpieza confiable, que entienda el estándar de Airbnb y actúe con rigor. Ya lo hablamos en el capítulo anterior: la limpieza no es un extra, es uno de los pilares del negocio. Es lo primero que se ve y muchas veces lo último que se recuerda. Un huésped puede perdonar una vista regular, pero no va a olvidar una toalla húmeda o un baño sucio. Por eso, trabajar con un equipo comprometido en esta área es una inversión directa en tu reputación.

En mi caso, confío tanto en mi compañía de limpieza que casi no visito las propiedades. Me guío por sus reportes, por las fotos que envían y por lo que dicen los *reviews*. Se trata, literalmente, de mis ojos y mis manos en el día a día. Y han entendido que su trabajo no es «limpiar una casa», sino preparar una experiencia para alguien que llega cansado de un viaje y espera sentirse bienvenido desde el primer segundo.

Por último, necesitas una red de apoyo técnico. plomeros, electricistas, fumigadores, albañiles, constructores, personas que respondan rápido y te ayuden a resolver imprevistos sin que tengas que estar tú en el lugar. Esta red es como el sistema nervioso de tu operación: no se nota, pero sostiene todo.

Formar un equipo no es solo un paso lógico, es una condición indispensable si aspiras a escalar sin sacrificar tu salud, tu tiempo o tu reputación. La mentalidad empresarial empieza cuando entiendes que tú no eres imprescindible en cada parte del proceso, y aprendes a soltar sin perder el control. Porque crecer no es sumar tareas: es saber distribuirlas con inteligencia, con confianza y con visión.

Diversificar y automatizar: presencia inteligente, gestión eficiente

Cuando ya tienes dominado el juego dentro de Airbnb, el siguiente paso natural es diversificar y automatizar. Es una forma de escalar sin agotarte, sin quedar atado a cada tarea operativa, y sin depender de una sola fuente de ingresos o visibilidad. Porque si todo tu negocio vive solo dentro de Airbnb, cualquier cambio en sus políticas puede afectarte. Crecer también implica estar preparado para lo inesperado.

Diversificar significa abrir tu propiedad a otros mercados. Una de las plataformas más recomendables como segundo canal es VRBO, ideal para estancias familiares o viajes más largos. En cambio, mi experiencia con Booking.com no ha sido la mejor. Es una plataforma que ofrece poco control al anfitrión: su sistema de reclamos permite que el huésped reciba reembolsos a tu costa, incluso cuando tú cumpliste. Personalmente, prefiero evitarla. A veces, más exposición no significa mejores resultados.

Ahora bien, estar en varias plataformas no implica duplicar trabajo. Aquí entra en juego la automatización. Herramientas como los Property Management Systems (PMS) te permiten centralizar la operación en un solo panel. Desde allí puedes conectar tus cuentas de Airbnb, VRBO y otras, sincronizar calendarios, automatizar respuestas, coordinar limpiezas y unificar reportes. Lo que antes llevaba horas, ahora se resuelve en minutos.

Además, puedes integrar tu PMS con plataformas de *pricing* dinámico como Wheelhouse, Beyond Pricing o Smart Pricing. Estas herramientas se encargan de ajustar tus tarifas de forma automática según la temporada, la competencia, los eventos locales o el nivel de ocupación. Tú defines los parámetros: mínimo, máximo, estrategia general, y el sistema se encarga del resto. Mientras tú duermes, el algoritmo trabaja por ti.

Esta forma de escalar responde a un principio fundamental de productividad: la ley de Pareto, también conocida como la regla del 80/20. En los negocios, el 80 % de los resultados suele venir del 20 % de las acciones. Por eso, automatizar procesos repetitivos y operativos te permite enfocar tu energía en ese 20 % que verdaderamente hace crecer tu negocio: la estrategia, la visión, la expansión.

En esa misma línea, el legendario pensador empresarial Peter Drucker afirmaba que el rol del líder no es hacer más, sino hacer lo que solo él puede hacer. Delegar, automatizar y estructurar no significa desligarte, significa proteger tu tiempo creativo. Porque solo desde ahí puedes tomar decisiones con impacto, innovar y liderar con claridad.

Automatizar no es abandonar el negocio: es profesionalizarlo. Significa dejar de hacer tareas que otro —o algo— puede hacer mejor, para dedicarte a lo que solo tú puedes hacer: pensar, crecer, liderar. Escalar no es asumir más peso, es diseñar estructuras que sostengan ese peso sin que colapse sobre ti. Y eso, en este negocio, marca la diferencia entre el cansancio y la expansión.

Redes sociales estratégicas: visibilidad que convierte

Durante mucho tiempo pensé que las redes sociales eran solo para entretenimiento o para mostrar una vida de apariencias. Pero cuando se usan con propósito, se convierten en una de las herramientas más poderosas para hacer crecer tu negocio. Y en el mundo de Airbnb, donde la confianza, la imagen y la conexión emocional valen oro, las redes no son un lujo: son un canal de posicionamiento y atracción.

He comprobado que la mayoría de los clientes que llegan a nuestra academia o a nuestro servicio de gestión lo hacen por el contenido que compartimos en redes sociales. Un video útil, una historia real, una estrategia explicada con claridad y esa persona ya empieza a confiar. Porque te ven, te escuchan y sienten que sabes de lo que hablas. Eso acorta la distancia, humaniza tu marca y abre la puerta a nuevas oportunidades.

Lo mismo puede pasar con tu propiedad. Cuando compartes fotos bien cuidadas, detalles únicos, reseñas reales o pequeños recorridos en video, estás sembrando curiosidad. Y cuando alguien se topa varias veces con tu contenido, en algún momento te busca. Visita tu perfil. Hace clic en tu anuncio. Y entra al embudo de decisión. A eso lo llamamos tráfico orgánico estratégico: personas que llegan a ti sin que pagues un dólar, solo porque mostraste valor.

Además, cada visita externa a tu anuncio genera una señal para el algoritmo de Airbnb. Cuando muchas personas llegan desde fuera y revisan tu propiedad, la plataforma lo interpreta como interés creciente, y eso mejora tu posicionamiento. Por eso, incluir el *link* directo al anuncio en tus publicaciones es una estrategia concreta, no solo una cortesía visual. Una publicación bien hecha puede generar más clics que una semana completa de anuncios pagos.

Otra táctica efectiva es trabajar con *influencers*. Invítalos a quedarse un par de noches, sin costo, a cambio de contenido real. Si la experiencia es buena y se comparte, tu propiedad puede volverse viral. He visto espacios pasar de reservas tímidas a tarifas *premium* en cuestión de semanas, por una buena colaboración en redes.

Ahora bien, nada de esto funciona sin constancia. Una publicación aislada no genera tracción. Lo que crea comunidad es mostrar todos los días que tu proyecto está vivo: procesos, detalles, mejoras, preguntas frecuentes, errores y soluciones. Mostrarte como profesional, no necesitas bailar, ni exhibir lujos. Solo necesitas ser auténtico, mostrar tu propiedad con intención y hablarle a tu público con claridad. Porque la confianza no se construye solo en la plataforma: también se cultiva afuera, con estrategia, con constancia y con verdad.

Hoy más que nunca, quien sabe usar las redes sociales con inteligencia construye algo más grande que visibilidad: construye reputación, una marca personal fuerte y comunidad.

De la teoría a la acción: tu mentalidad define tu crecimiento

Llegar hasta aquí no es poca cosa. Ya sabes cómo destacarte en Airbnb, cómo entregar calidad y cómo enamorar a tus huéspedes. Ahora toca algo más desafiante: pensar como empresario. Este capítulo te abrió una puerta a la visión a largo plazo, a construir algo más grande que tú. Estas preguntas te ayudarán a ubicarte en este nuevo mapa y a identificar con honestidad tus próximos pasos:

1. **¿Estás dispuesto a delegar algunas tareas para poder crecer? ¿Cuáles serían las primeras?**

____

____

____

____

2. **¿Cuentas hoy con una estructura mínima (personas, herramientas, procesos) que te permita escalar?**

____

____

____

____

3. ¿Qué habilidades necesitas desarrollar para dejar de ser solo anfitrión y convertirte en empresario del hospedaje?

---

4. Si tuvieras que armar un equipo de confianza hoy, ¿a quién sumarías primero y por qué?

Visión a largo plazo

Después de casi una década en este negocio, puedo decirlo con claridad: escalar en Airbnb no se trata solo de sumar propiedades. Se trata de tomar decisiones con visión. De construir un sistema que funcione incluso cuando tú no estás presente. De transformar un ingreso puntual en un negocio sostenible.

A lo largo de este capítulo vimos que el crecimiento real llega cuando dejas de operar en solitario y empiezas a pensar en estructura. Cuando comprendes que delegar no representa un gasto, sino que se convierte en una inversión. Y que diversificar y automatizar deja de ser una opción secundaria para transformarse en una condición indispensable si quieres escalar sin perder el control.

Para muchos, Airbnb comienza como una fuente adicional de ingresos. En mi caso, empecé ganando apenas 500 dólares al mes, gestionando lo que tenía a mano. Hoy, ese primer paso se transformó en un negocio robusto, con equipo, procesos, visión y propósito. Ese camino fue posible porque entendí que el verdadero avance no está en trabajar más, sino en aprender a trabajar mejor.

Este no es un negocio para soñadores ingenuos, ni una fórmula mágica para volverse rico en tres meses. Es un modelo real, accesible y escalable, que requiere preparación, constancia y estrategia. Puede iniciarlo una madre soltera con una habitación libre, un jubilado con una casa vacía o una familia que hereda una propiedad. Airbnb no discrimina por nivel, solo por ejecución.

Pero, sobre todo, este negocio ofrece una posibilidad poderosa: la tan mencionada y anhelada libertad. No libertad entendida como ocio eterno, sino como autonomía y paz mental. Libertad para decidir cuándo trabajas, con quién, desde dónde. Libertad para almorzar un miércoles con tu esposa o tomarte un jueves para viajar con tus hijos sin pedirle permiso a nadie.

La libertad no aparece por casualidad ni con atajos fáciles. Se conquista cuando decides hacer lo correcto una y otra vez, incluso cuando las caídas duelen y las ganas de rendirte parecen más grandes que tus sueños. Se conquista cuando eres constante aun sin ver resultados inmediatos. Cuando entiendes que lo verdaderamente valioso no florece en tres meses, sino después de años de paciencia, fe y trabajo bien sembrado.

Este capítulo cierra las páginas de este libro, pero abre un camino nuevo en tu forma de pensar tu negocio y tu vida. Si llegaste hasta aquí, significa que tienes dentro de ti el deseo de construir algo más grande. Yo he puesto en tus manos mi experiencia, mis herramientas y mi historia. Pero el éxito no depende de lo que yo haga, depende de lo que tú decidas hacer a partir de ahora.

El siguiente paso está frente a ti. Tómalo con valentía, porque la libertad financiera y personal que sueñas no es una promesa lejana: está al alcance de tus decisiones, de tu disciplina y de tu fe en ti mismo.

Tu historia apenas comienza.

EPÍLOGO

Carta a quien está listo para actuar

Querido lector:

Si has llegado hasta aquí, es porque no solo buscabas inspiración: buscabas dirección. Y eso dice mucho sobre tu mentalidad, y me hace sentir muy orgulloso que hayas confiado en mí para dar el primer paso de educarte sobre el negocio de las rentas a corto plazo. A lo largo de este libro recorrimos herramientas, estrategias, errores comunes y casos reales. Pero, sobre todo, compartimos una idea central: este negocio no se trata de suerte, se trata de preparación, de pasión por la excelencia y constancia.

Mi historia comenzó sin capital, sin contactos y sin garantías. Pero también sin excusas. A lo largo de los últimos años construí dos compañías exitosas Otero Management y Otero Academy, no porque todo estuviera a mi favor, sino porque tomé decisiones difíciles, aprendí rápido, corregí errores y me mantuve enfocado en lo importante: generar valor, resolver problemas de otros, y cumplir mis promesas.

Lo que quiero dejarte al cerrar este libro es esto: el potencial está en ti, no en las circunstancias. Tu punto de partida no determina tu destino. Lo que lo determina es tu capacidad de actuar con intención, de usar bien la información que tienes, y de ejecutar con criterio, incluso cuando otros dudan.

Este libro no pretende darte garantías, pero sí un marco claro para que construyas una vida libre y plena. Y si algo de lo que leíste aquí te ayudó a pensar distinto, a ver oportunidades donde antes veías límites, entonces este libro ha cumplido su objetivo.

Yo ya recorrí este camino. Ahora es tu turno.
Con respeto y confianza en tu proceso,

Mario Otero

Si este libro encendió algo en ti, ya tienes una propiedad o estás listo para invertir en una para Airbnb quiero invitarte a dar el siguiente paso y unirte a Otero Academy (Ig:otero_academy) la comunidad #1 de Airbnb de habla hispana.

El primer paso es ver una clase introductoria que he creado para tí, en la cual te explico sin rodeos, mi método con el cual he ayudado a cientos de propietarios e inversionistas a generar ingresos de hasta 6 cifras al año (+$100,000) con una o dos propiedades en Airbnb.

Solo tienes que escanear el código QR que encontrarás debajo. Luego de terminar la clase, y si quieres trabajar de la mano de mi equipo, podrás reservar una llamada estratégica en la cual determinaremos cómo podemos ayudarte mejor a iniciar con el pie derecho en Airbnb.

Nos vemos dentro.

www.ingramcontent.com/pod-product-compliance
Lightning Source LLC
LaVergne TN
LVHW010934051026
849532LV00003B/983